イラストで見る生活

全単元・全時間の授業のすべて

小学校1年

田村学 編著

東洋館出版社

はじめに

とある１年生の生活科の授業でのことである。クラスの子供たち全員で１年間の成長をカードに書き、振り返っていった。黒板は、できるようになったことや成長したこと、役割が増えたことなどのカードで溢れんばかりになった。そんな学習活動を通して、「私って、こんなにできるようになったんだね」と、発言した子供がいた。このように自己の成長を肯定的に捉え、さらなる成長に目を輝かせる姿は、私たちが期待する子供の姿であろう。

このような学級における対話的な学びを通して、子供は多くのことに気付き、その質を高めていく。１人ではなくみんなで学習をすることで、互いの違いやよさを響き合わせていく。多様な子供のいる教室での授業は、こうして豊かに確かに子供自身が学びを生み出していく。

生活科では、体験活動が欠かせない。なぜなら、私たちは体験を通して様々な情報を収集し、そのことから世の中の物事を認識し、身の回りの多くの出来事を学び深めていくからだ。特に低学年の時期においては、文字言語や音声言語によって理解する能力が十分に発達していない。だからこそ、目で見たり、耳で聞いたりするだけではなく、実際に触ってみたり、においをかいでみたり、味わったりする体験が大切になる。一方、体験活動を確かな学びに高めていくためには、言葉の存在を無視することはできない。体験を言葉に変える表現活動を授業の中で行う、言葉を使ってクラスの友達と学び合う授業を位置付けることが重要になる。

そこで、本書では、新学習指導要領に基づき、体験活動を適切に位置付けた授業づくり、表現活動などによって学び合い高め合う生活科の授業づくりを明らかにしている。１・２年生の全単元を構想し、その全ての授業を見開き２頁の中で、授業イメージを伝えている。

単元計画については、単元の目標、各小単元ごとの学習活動、３観点による評価規準を一覧にして示し、単元全体の概要を示した。授業については、「板書」「活動」「環境構成」をイラストで示すとともに、「導入」→「展開」→「まとめ」の流れに沿った本時の展開を示し、主体的・対話的で深い学びの視点からの授業をイメージできるようにした。

読者の皆様には、本書を通して生活科の単元イメージと授業イメージを確かにしていただければ幸いである。生活科では、学校や地域の特色、子供の実態に応じた単元を構想し、授業実践することが多い。あくまでも本書を参考に、それぞれの教室の授業づくりに生かすことを考えていただきたい。授業力はイメージ力なのだから。

最後に、本書の編集に当たり、ご尽力いただいた執筆者の皆様と適確な助言をいただいた東洋館出版社の近藤智昭氏、河合麻衣氏に心より感謝申し上げます。

令和２年２月吉日

田村　学

本書活用のポイント

本書は、全単元の1時間ごとの授業づくりのポイント、学習活動の進め方、板書や活動・環境構成のイメージなどがひと目で分かるように構成されています。活用のポイントは次のとおりです。

本時の目標・授業改善の工夫

単元の目標を踏まえて、「本時の目標」を示している。毎時間ごとに主体的・対話的で深い学びの視点から「ポイント」を紹介することで、本時の中心的な学習活動、そこで期待する子供の姿、教師の配慮事項などの具体を示している。「資料等の準備」や右頁の「イメージ」と照らし合わせながら、本時の全体像を明らかにしている。

授業の流れ

1時間（学習活動によっては2時間）の授業の流れを、主に「導入」「展開」「まとめ」の3つに分けて示している。それぞれの場面では、どのような学習活動を行うのかが分かるようにイラストで示すとともに、具体的な説明を加えている。子供を中心とした学習活動を展開するために、教師はどのような点に配慮すればよいかについて示している。

本時案

アサガオにお礼をしよう

本時の目標

これまで自分を楽しませてくれたアサガオに、自分の考えた方法でアサガオの記念になる物を作る活動を通して、これまでの活動を思い起こしたり、作った物を大切にしたりしようとすることができる。

資料等の準備

- リースの見本
- リースの作り方の順序を書いた紙
- アサガオのつる
- 飾りになるもの
- ホットボンドと専用のり、軍手
  （※ホットボンドを使用するときは軍手を忘れない）
- 色紙　・画用紙　・色画用紙
- リボン　など
- ラミネーター

主体的な学びの視点からの授業改善

➡環境構成の工夫

point 1 子供の願いに応じた多様な活動になるため、図工室や生活科室・理科室などの特別教室で安全面に配慮しながら作業できるようにする。材料置き場と制作の場を分け、活動しやすく友達と相談しながら工夫できる環境を整える。事前に通信などで家庭と連携を取り、必要な材料を家から持ってきてもよいことを伝えておく。教師は作品の出来上がりだけでなく、制作過程の工夫や努力を評価していく。

point 2 アサガオの枯れる頃、秋の自然と関わる活動を行っていることが多い。集めたドングリなどを飾りに使うことで学習のつながりも感じられ、作った物を大切に思う気持ちもさらに高まるであろう。

授業の流れ ▷▷▷

1 活動の場所や、内容を確認する

教師はリースやしおりを作る順序を書いた紙を準備したり、材料をかごに分けておいたりすることで、説明の時間を短縮し子供が自主的に活動できる時間を十分とれるよう支援する。整理整頓を心がけることや、安全面で気を付けることなどを確認しておく。

2 制作活動を行う

自分の考えた物を作る活動を行う。教師はホットボンドによるやけどやはさみや針金の使用によるケガに十分気を付ける（※教師だけが使用すると決めてもよい）。また、作品のできばえだけでなく、その子なりの表現のよさを認め励ますことを大切にしたい。

3　元気にそだてわたしのアサガオ
078

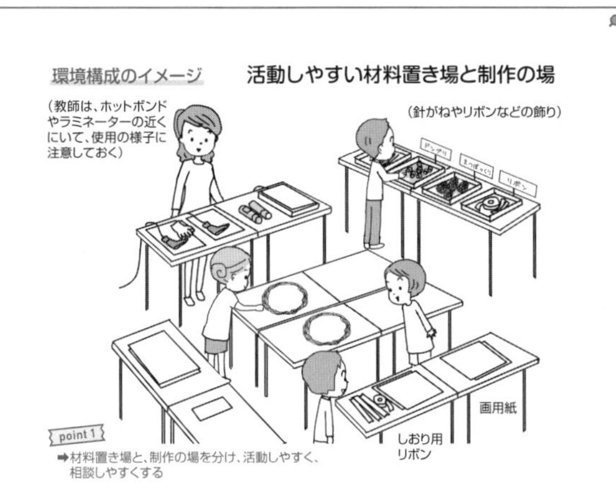

環境構成のイメージ
活動しやすい材料置き場と制作の場
（教師は、ホットボンドやラミネーターの近くにいて、使用の様子に注意しておく）
（針がねやリボンなどの飾り）
画用紙
しおり用リボン
point 1
➡材料置き場と、制作の場を分け、活動しやすく、相談しやすくする

3 できた物を見せ合う

このアサガオのしおり、色がきれいね
このリースの松ぼっくりの飾りがいいよ

できあがった作品を見合う時間をもつ。全員の作品を発表する時間をとることは難しいので、机の上に置いた物を見て周る。リースのでき上がった作品はビニール袋の中に入れて飾るようにすると中の飾りが外れてもなくなりにくい。

期待する子供の反応

アサガオの記念になる物を作り、それを紹介し、大切にしようとしている。

1 **［導入］**
ぼくはアサガオのリースを作りたいな。きれいに飾りたいな。

⬇

2 **［展開］**
どこにかざりを付けるときれいになるかな。傾かないように左右同じ物を付けよう。

⬇

3 **［まとめ］**
きれいなリースができたよ。クリスマスに玄関に飾りたいな。アサガオも喜んでいるかな。大事にするよ。

第14時
079

板書・活動・環境構成

授業のイメージを明らかにするために「板書」「活動」「環境構成」のいずれかをイラストで示している。活動性豊かな動的な場面では、活動の具体的な姿や学習環境をどのように構成すれば子供の学習活動が高まるかを示している。話合いや情報交換などをクラス全体で一斉に行う場面では、子供の学習活動を質的に高めていく構造的な板書を示している。

期待する子供の反応

授業において、どのような子供に変容してほしいかを「期待する子供の反応」として示している。「導入」「展開」「まとめ」のそれぞれの場面における子供の姿として示すことで、「授業の流れ」と照らし合わせて授業イメージを具体化することができるようにしている。また、単元の指導計画における評価規準と結び付けて活用することもできる。

イラストで見る全単元・全時間の授業のすべて
生活 小学校 1 年
もくじ

生活科における
授業のポイント

生活科における授業のポイント

体験活動と表現活動の相互作用によって、気付きの質が高まるような授業をしよう！

1 授業づくりに求められる教師の「イメージ力」

「子供が主体的に学習する授業を実現したい」
「子供の成長が実感できる授業をしてみたい」
このように考えるのは、教師であれば誰もが同じであろう。教師の喜びは子供の成長やその姿にあり、それは日々の授業の積み重ねによって実現される。そうした授業を実現できる力を身に付けることが、多くの教師の願いであることは間違いない。

では、どのような力があれば、そうした授業が実現できるのだろうか。私は、「イメージ力」こそが、優れた授業を実現する重要な教師力であると考える。

全ての教師が授業のイメージをもち、その授業を目指して実践の準備を整える。単元を構想し、授業展開を考えながら、学習指導案を作成していく。このときに、それぞれの教師のもっているイメージが、クリアであればあるほど、その実践に迫りやすいことは言うまでもない。ぼんやりとした授業を目指そうとしても、それは難しい。自分のクラスの子供一人一人が、本気になって学習活動に没頭する姿を具体的に思い浮かべることができる授業イメージであれば、その実現の可能性は飛躍的に高まる。

この「イメージ力」は、生まれながらに備わっているものではなく、日々の精進と努力によって確実に高めることができる教師力であり、具体的には次の点を心がけることが欠かせない。

①行う：自ら授業を実践し、多くの人に参観してもらう
②見る：多くの優れた授業実践を参観する
③語る：日々の授業実践について語り合う

授業を「行う、見る、語る」ことを繰り返す中で、一人一人の教師の「イメージ力」は確実に向上していく。

とりわけ生活科は、学校や地域で扱う学習対象や素材が変わり、その結果、単元構成も１時間１時間の授業も各学校で異なることが多い。このことが生活科としての好ましい独自性を生み出しているものの、実践する側としては授業づくりの難しさにもつながっている。だからこそ、一人一人の教師の「イメージ力」を高め、各学校や地域の特色に応じた、自分の学級に相応しい生活科の授業づくりを実現することが大切になる。

2 ２つの「イメージ力」

実際に授業づくりを確かなものにしていくためには、２つの「イメージ力」が必要となる。

○単元のイメージ力
○本時のイメージ力

この２つのイメージを鮮明にすることにより、単位時間の授業が確かなものになる。

単元をイメージする際には、図１を参考にしたい。生活科では、学習活動が質的に高まっていくことを期待する。しかし、ただ単に活動や体験を繰り返していれば高まっていくわけではない。そこ

で、話合いや交流、伝え合いや発表などの表現活動が単元に適切に位置付けられる。この体験活動と表現活動のインタラクション（相互作用）が学習活動を質的に高めていく。例えば、１回目のまち探検に行き、そのことを教室で発表し合いながら情報交換する。すると、子供は「僕の知らないことがいっぱいあるんだなあ。また、まち探検に行きたいな」と、２回目のまち探検が始まる。２回目のまち探検の後、教室で地図を使ってまちのすてき発見を紹介し合っていると「僕たちのまちって、すてきな人がいっぱいいるんだな。もっと、お話が聞きたいな」と、インタビュー探検が始まる。このように、生活科では、体験活動と表現活動とを相互に繰り返しながら、学習活動の質的な高まりが実現されていく。

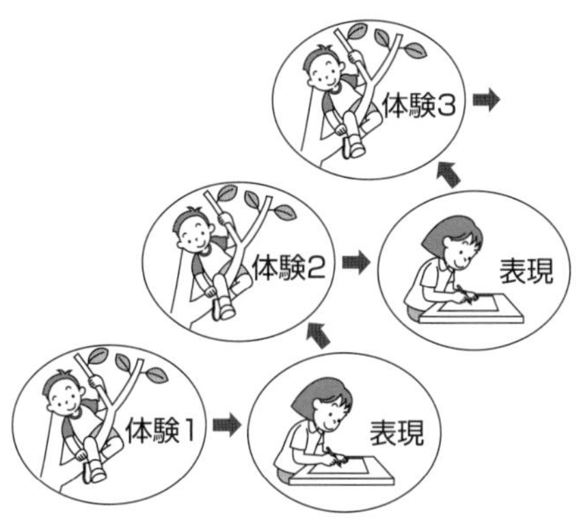

図１　生活科の単元

授業をイメージする際には、図２を参考にしたい。およそ全ての授業では、子供に何らかの変容を期待する。それは、関心や意欲の高まりであったり、真剣に考え何かに気付くことであったりする。そのような授業を実現するためには、まず、子供の姿を確かに捉え「見取る」ということが必要であり、その姿がどのように変容することを期待しているのかを示す「見通す」ことが欠かせない。この両者を結び付けるところに「具現する」45分の授業が存在し、そこで教師が様々な取組をすることになる。つまり、入り口の「見取る」と出口の「見通す」がなければ、「具現する」を考え、イメージすることは難しい。

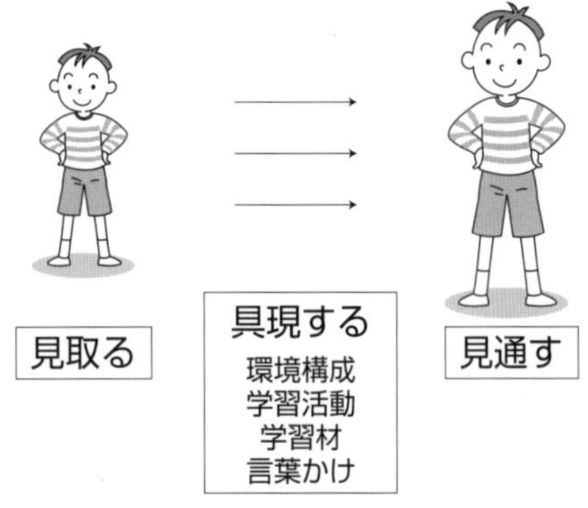

図２　授業の構造

3 生活科の授業を具現するポイント

生活科では、子供が充実した活動や体験をするとともに、そこで生まれる気付きが大切である。この気付きが質的に高まることによって、学習活動は一層充実したものへと高まっていく。学習環境の構成や学習活動の設定などで生活科の授業を「具現する」ときには、この気付きの質を高める以下の４つを意識することがポイントとなる。

○振り返りや表現する学習活動　○伝え合いや交流する学習活動
○試行錯誤や繰り返す学習活動　○多様性を生かした学習活動

実際に体験活動を行う際には、単発の体験ではなく没頭して何度も挑戦できるような体験活動を行うことが大切である。また、一人一人の思いや願いが実現される多様性を十分に保障し、そのことを生かし高めることを大切にしたい。この体験活動を生かし、確かな学習活動へと高めていくためにも、発表や交流、話合いや伝え合いなどの表現活動を行うことが大切になる。つまり、この表現活動を行うことで振り返りの機能が働き、自らの行為や体験を意味付けたり価値付けたりしていくことができる。また、無自覚な気付きを自覚したり、一つひとつの個別の気付きを関連付けたりして気付きの質を高めることにつなげていくことができる。

4　2年間を見通した年間指導計画と授業づくり

生活科では、単元と単元のつながりや関係を意識することが大切である。例えば、季節に応じて単元を配列すること、特定の対象を中心に複数の単元を関係付けること、ストーリー性を重視して単元を連続すること、などが考えられる。学校や地域の特色、子供の実態等に応じて、２年間を見通した年間指導計画を作成することが大切である。

その際、「幼児期の終わりまでに育ってほしい姿」を手がかりに幼児教育と小学校教育をつなげるとともに、２年間における子供の成長や第３学年以降の学習への接続にも留意することが大切である。指導計画の作成に当たっては、子供の成長や発達を見通し、２年間の中で具体的な活動や体験が拡充されるようにすることが大切である。そのためには、学年による発達の特性に十分留意し、体験や気付きの質が着実に高まるような工夫をすることが求められる。低学年の子供の知的な発達や行動力の伸長は目ざましく、第１学年と第２学年では、対象への関心の向け方や関わり方にも違いがある。また、学年が進むにつれ、具体的な活動への思いや願いも、情緒的なものから次第に知的なものへと比重が増してくる。したがって、単元を作成するに当たっては、学習対象の選び方や学習活動の構成が変わってくることが考えられる。生活科では、このような２年間を見通した指導計画を作成することによって、身近な生活に関わる見方や考え方を働かせて気付きの質を高め、３つの資質・能力をバランスよく育成していくことが大切である。

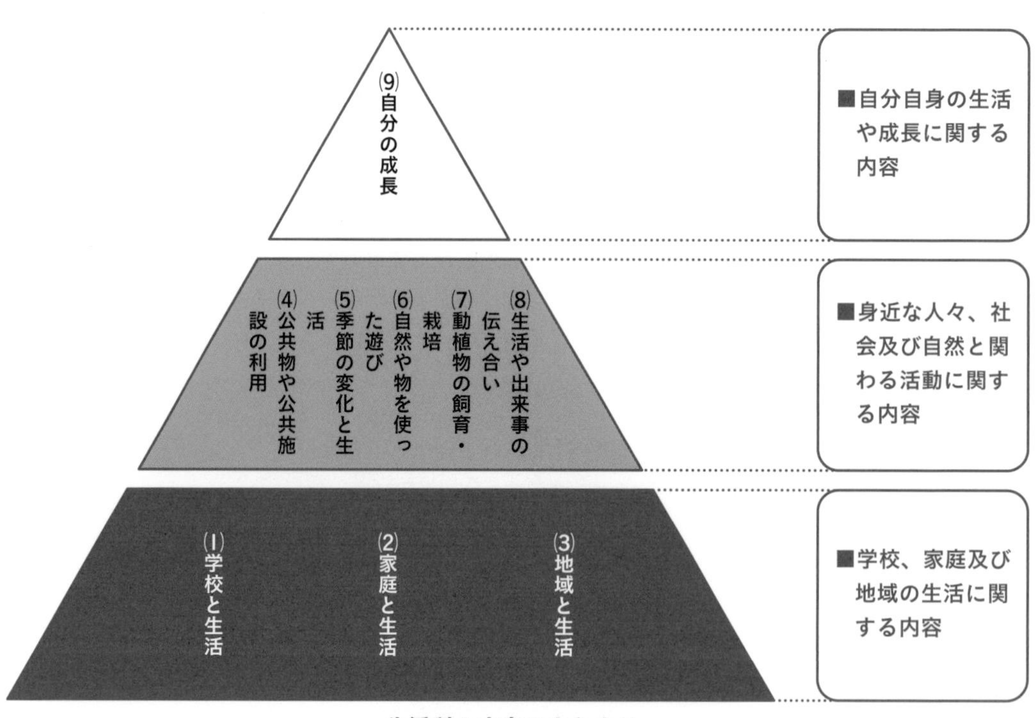

生活科の内容のまとまり

板書のポイント

子供のイメージを広げる構造的な板書を！

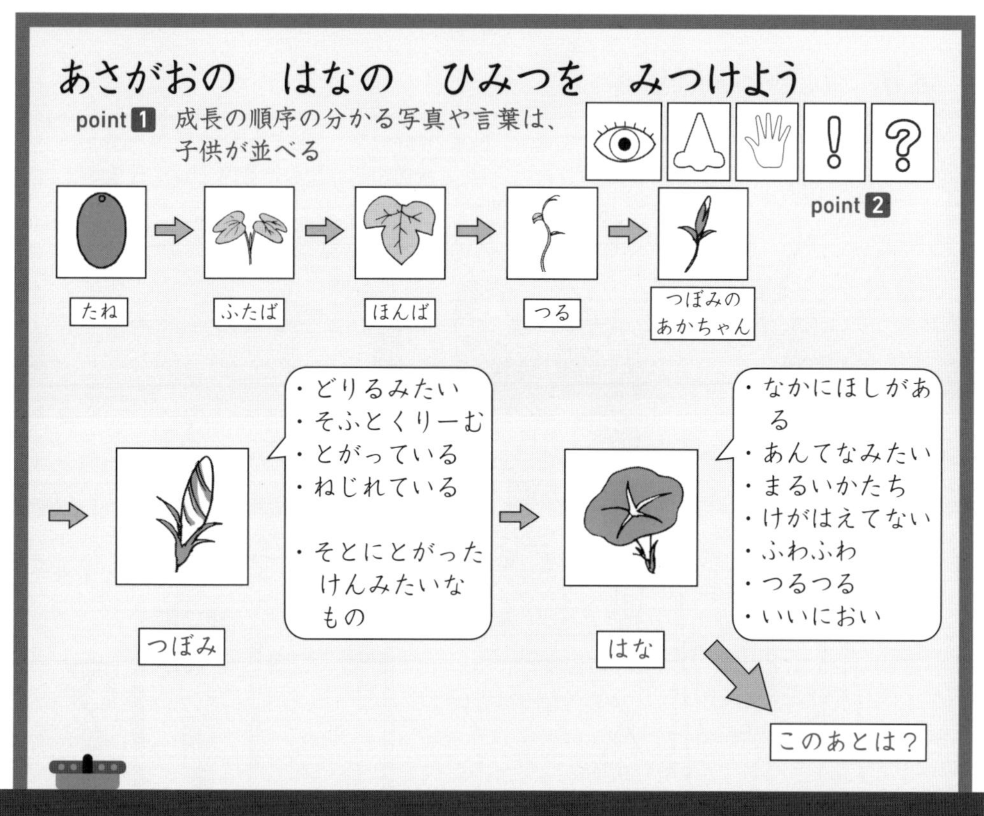

子供のイメージを広げる

板書によって、次の学習活動のイメージを広げ、明らかにしていくことができる。そのためには、文字だけではなく図や絵、写真や映像などを使って板書を構成し、子供が鮮明なイメージをもてるようにすることが大切になる。また、ポイントなどを示すことで次の学習活動を行う際の留意点などの確認にも活用できる。

子供が体験を振り返る

板書を見ることによって、これまでの学習活動を振り返ったり共有したりすることになり、新たな発見や気付きを生み出すことができる。そのためにも、子供の発言やつぶやきを構造的に示すことが欠かせない。また、書き込む文字やマークなどの位置、大きさ、色づかいなどに配慮し、関係性を意識した板書を構成したい。

板書指導での留意事項

生活科では、板書を行う授業とそうでない授業が考えられ、他の教科と比べて板書を行う機会は比較的少ない。それは、具体的な活動や体験をすることが第一に考えられ、そうした授業では板書などを行う必要が少ないからである。低学年であることを考えると、文字を少なくし、絵やイラスト、写真やマークなどを工夫して板書を構成することが大切になる。黒板全体から次の学習活動のイメージを豊かに広げたり、振り返りながら新たなことに気付いたりするような板書構成に配慮したい。

活動の
ポイント

子供の意欲を引き出す、豊かな活動を！

活動：公園を探検しよう
point 1
➡自分だけのお気に入りの木を決める
point 2
➡気になったことをメモしておく
防災 倉庫
point 3
➡自分から挨拶をする
point 3
➡自分から声をかける

試行錯誤や繰り返しを重視する

活動や体験は、単発ではなく、何度も何度も繰り返し行ったり、改善に向けて試行錯誤したりしていくことが大切である。そうすることで、事象との関わりは深まり、かけがえのない存在になっていくからである。毎日継続して行ったり、条件を変えて再試行したりできる活動を用意したい。

多様性を保障する

生活科では、子供たち一人一人の思いや願いを大切にすることが重要である。そして、それぞれの思いや願いに寄り添うことで、学習活動が多様に広がることにつながる。したがって、教師は活動の多様性を好ましいものとして捉え、それを生かしながら豊かな学習活動へと高めていくことを意識したい。

活動における留意事項

生活科において、具体的な活動や体験を行うことは、教科目標の冒頭にも示されているように、何よりも重視すべきことである。子供が、体全体で身近な対象に直接働きかける創造的な行為が行われるようにしなければならない。ここで言う具体的な活動や体験とは、例えば、見る、聞く、触れる、つくる、探す、育てる、遊ぶなどして直接働きかける学習活動であり、そうした活動の楽しさやそこで気付いたことなどを言葉、絵、動作、劇化などの方法によって表現する学習活動のことを示している。

環境構成のポイント

空間、時間を意識し、対話が広がる環境を整えよう！

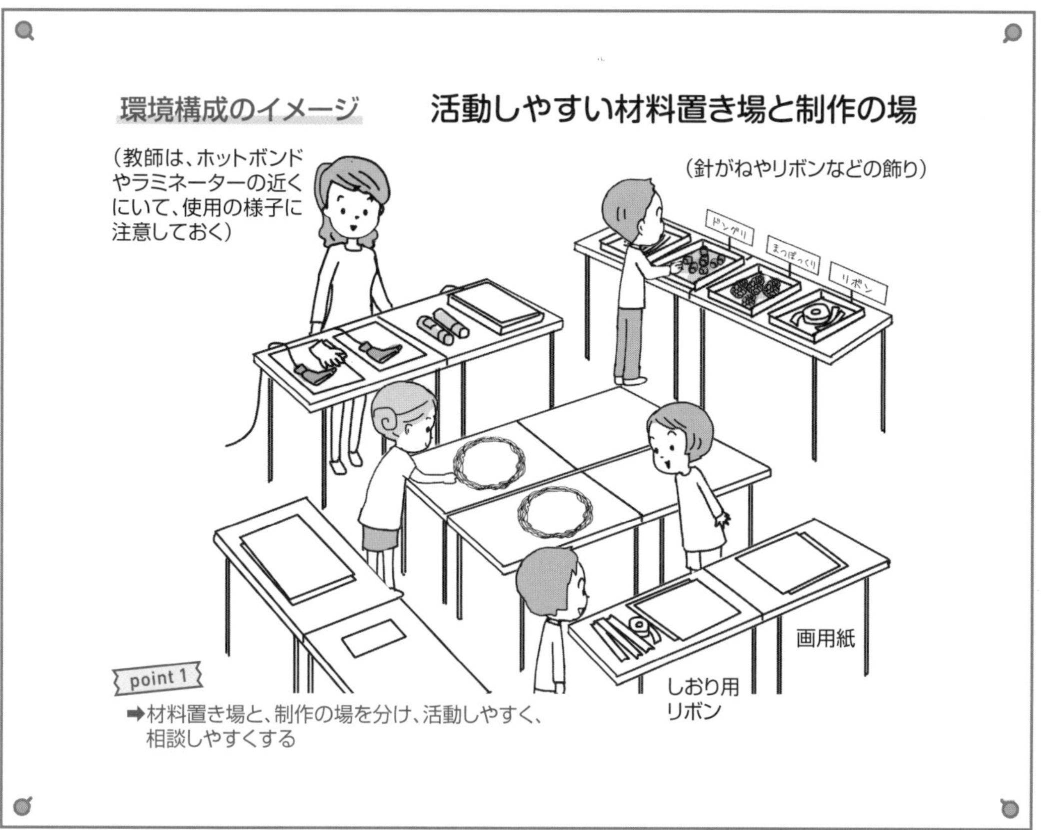
環境構成のイメージ
活動しやすい材料置き場と制作の場
（教師は、ホットボンドやラミネーターの近くにいて、使用の様子に注意しておく）
（針がねやリボンなどの飾り）
ドングリ
まつぼっくり
リボン
画用紙
しおり用リボン
point 1
➡材料置き場と、制作の場を分け、活動しやすく、相談しやすくする

空間環境の構成を意識する

学習環境を構成する際には、空間をどのように構成するかが重要である。場所はどこで行うか、広さは適切であるか、子供の動線に合った配置やレイアウトになっているか、材料や道具は適切かなどについて十分な配慮をしていくことが欠かせない。環境構成によって、子供の主体的・対話的な学びが生み出される。

時間環境の構成を意識する

学習環境を構成する際には、時間をどのように構成するかも重要になる。どの時刻に行うか、時間は十分に確保されているか、一人一人の活動時間の違いに対応しているかなどについて十分な配慮をしていくことが欠かせない。時間は目に見えにくい環境構成の要素であるが、活動の正否を左右する重要なものである。

環境構成における留意事項

学習環境を整えることによって子供の学習活動を支えるという考え方は、環境を通して学ぶことを大切にしている幼児教育に学ぶことが多い。一人一人の子供の思いや願いを重視し、自ら主体的に活動を行うようにするには、子供の関心はどこにあるのか、子供は何を実現したいのかなどを、あらかじめ捉えておくことが欠かせない。その捉えをもとに、時間、空間、人間などの子供を取り巻く学習環境を適確に構成することが大切である。

1年生における年間指導計画と作成のポイント

▷▷▷ 年間指導計画

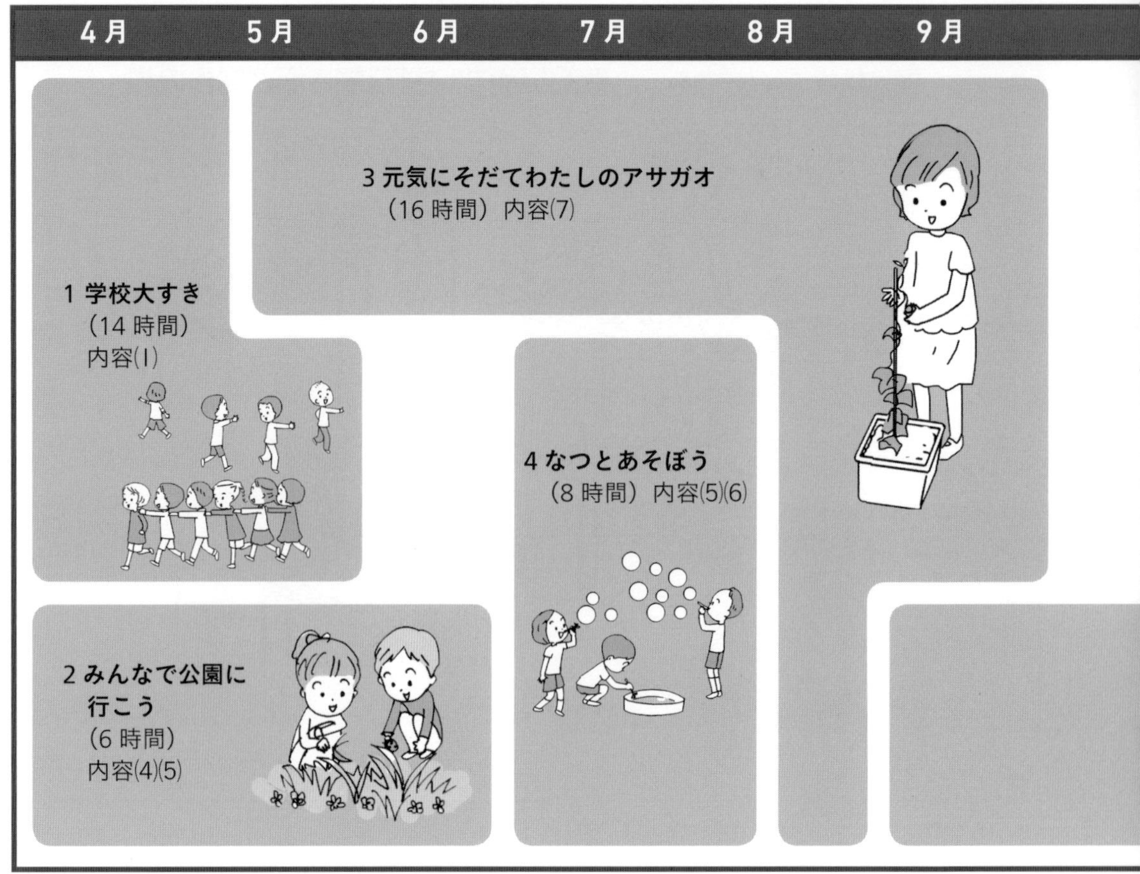

▷▷▷ 年間指導計画作成のポイント

1．学校生活の充実を目指す

1年生の年間指導計画作成上のポイントは、幼稚園や保育所から進学してきた子供が、学校生活に徐々に適応し、充実した学校生活が送れるようになることである。そのときに、子供の発達を視野に入れておくことが欠かせない。年間指導計画を作成する際には、次の点を意識して年間のストーリーをイメージした。

まず、学校に慣れ、学のことを知るための単元として「1　学校大すき」を入学直後に設定する。このことで、子供は学校の人や物、ことを学んでいく。次に、通学に期待と楽しみを思い描く単元を設定する。「3　元気にそだてわたしのアサガオ」「5　モルモットとなかよし」などを通して、子供自身が学校に通いたくなるような学習活動を展開する。

そして、関わりが深まるシリーズ化した単元を設定する。公園や校庭をメインフィールドにした「2　みんなで公園に行こう」「4　なつとあそぼう」「6　あきとあそぼう」「8　ふゆとあそぼう」によって、繰り返し公園などに関わる学習活動を展開する。

最後は、成長を実感し、2年生への進級を期待する単元を設定する。「7　にこにこいっぱい大作戦」「9　もうすぐ2年生」などによって、自分自身の成長を実感し、1年間の学習の振り返りをすることができる。

全102時間

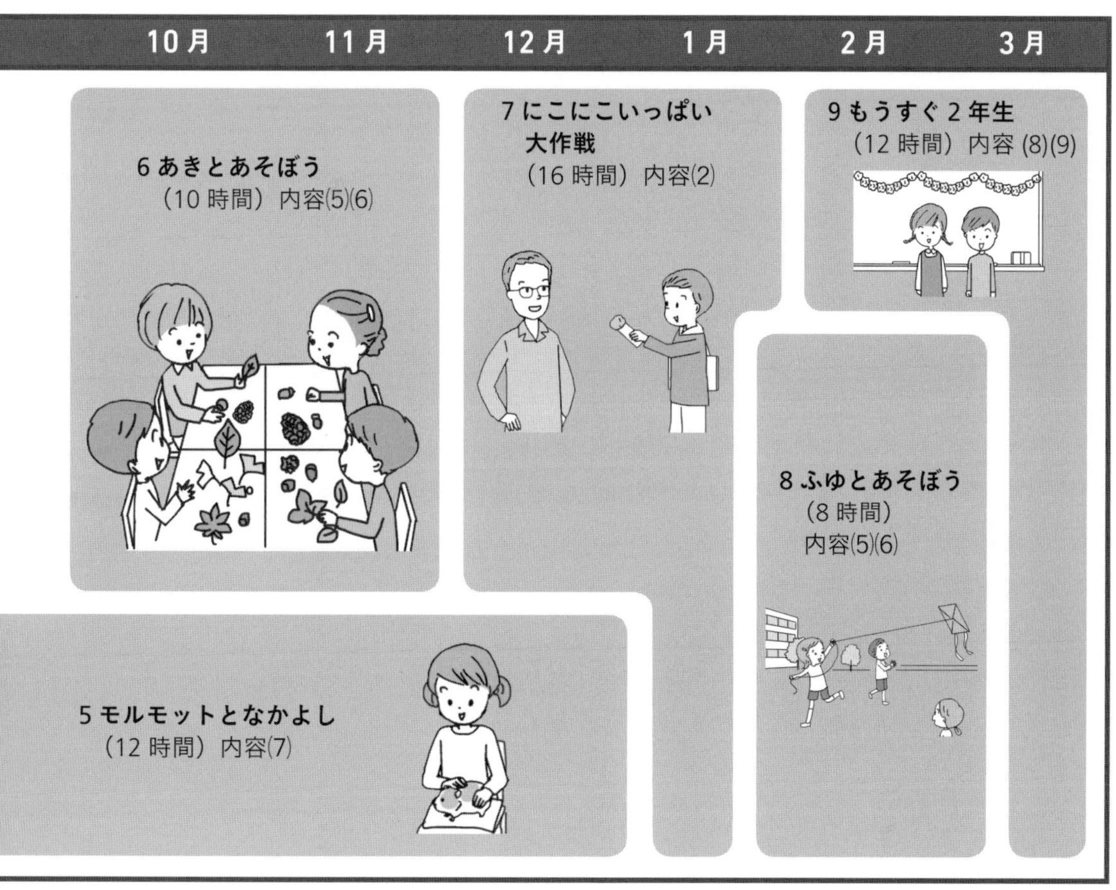

2．作成上の配慮事項

実際に年間指導計画を作成する際には、次の点に配慮しなければならない。

1つは、扱う内容のバランスである。1学年と2学年を視野に入れながら、2年間で全ての内容を扱うことが求められる。その際、バランスのよい時数の割り振りが大切になる。

2つは、子供の実態に合わせることである。各学校の子供の実態、1年生と2年生の発達の違いなどを十分に検討すべきである。

3つは、地域の環境を生かすことである。学校の周囲の学習環境を存分に生かした生活科学習を実践したい。

4つは、各教科等との関わりを見通すことである。各教科等で身に付けた知識や技能を、具体的な活動や体験の中で活用し、つながりのあるものとして組織化し直すことが期待できる。

5つは、幼児期の教育や中学年以降の学習との関わりを見通すことである。具体的には、スタートカリキュラムをはじめとする幼児期の教育との連携、2学年間における子供の発達との関わり、第3学年以上の学習との関わりに配慮する。

6つは、学校内外の教育資源の活用を図ることである。全校的な協力体制に加え、保護者や地域の人々、公共施設の人々などから協力が得られる体制づくりが必要である。

イラストで見る
全単元・全時間の授業のすべて
生活　小学校１年

1 学校大すき

14時間

【学習指導要領】 内容(1)学校と生活

<table>
<tr><th>1時</th><th>2・3時</th><th>4時</th><th>5時</th><th>6時</th></tr>
<tr><td colspan="5">第1小単元（導入・展開①）
学級の友達や学年の友達、担任や学年の先生に関心をもち、仲よくなろうとする。上級生や先生方などの自分自身の学校生活を支えてくれている人と関わり、親しみをもったり、感謝したりする。</td></tr>
<tr><td colspan="2">1．学級の友達と仲よし大作戦
教室で学級の友達や担任と「よろしくねカード」を使って自己紹介をし、友達の顔や名前を覚えたり、好きなものを知ったりする。

2・3．学年の友達や先生と仲よし大作戦
学年の先生の自己紹介を聞き、親しみをもつ。体育館で学年の友達と歌を歌ったり、仲間づくりの遊びをしたりして、仲よくなろうとする。

✎友達の顔や名前を覚え、友達の特徴に気付いている。
☺仲よくなりたいという思いをもち、自分から関わろうとしている。</td><td colspan="3">4．上級生や学校の先生たちと仲よし大作戦
どうすれば上級生や先生たちと仲よくなれるかを考え、挨拶の仕方を考えたり、「よろしくねカード」を作成したりする。

5．学校にいる人と仲よし大作戦
学校にいる他の先生たちに自己紹介をし、サインをしてもらったり、好きなものを聞いたりする。

6．仲よし報告会をしよう
仲よくなった上級生や先生を学級の友達に紹介する。

☝仲よくなるために、挨拶の方法を考えたり、カードの内容を工夫したりしている。
✎学校生活を支えている人たちの存在を知り、自分との関わりに気付いている。</td></tr>
</table>

本単元について

単元の概要と育成を目指す資質・能力

本単元は、学習指導要領の内容(1)「学校と生活」を基に単元を構成し、内容構成の具体的な視点としては、「ア　健康で安全な生活」「イ　身近な人々との接し方」「エ　公共の意識とマナー」を位置付けて単元を構成している。

本単元においては、身近な生活に関わる見方・考え方を生かして学習活動を展開し、一人一人の資質・能力の育成を目指していく。それは、学校の施設や学校で働く人、友達、通学路に目を向け対象を捉え、楽しく安心して生活をしたり安全な登下校をしたりしようという思いや願いをもって活動することである。

そのために、本単元では、「仲よし大作戦」として、学校生活で関わる様々な人と直接話したり、知りたいと思うことを主体的に質問したりすることができるようにする。授業中に「仲よし大作戦」を行うが、休み時間も行ってよいことにし、子供たちの思いや願い、行動を大事にしていく。国語科や図画工作科と合科的・関連的に実施したり、弾力的な時間割を設定したりして、子供たちが安心して学べるようなスタートカリキュラムを展開することも重要である。

単元の目標

学校の施設や通学路を探検する活動を通して、学校の施設や通学路の様子を知り、学校生活を支えている人々や友達、通学路の安全を守っている人々の存在に気付き、自分との関わりについて考えるとともに、生活に関わる見方・考え方を働かせ、楽しく安心して遊びや生活をしたり、安全に登下校することができるようにする。

<table>
<tr><th>7時</th><th>8時</th><th>9・10時</th><th>11時</th><th>12時</th><th>13・14時</th></tr>
<tr><td colspan="4">第２小単元（展開②）
学校を探検し、不思議や発見を見付け、さらに詳しく調べようとする。</td><td colspan="2">第３小単元（終末）
通学路の様子や安全を守ってくれている人に関心をもち、安全に登下校しようとする。</td></tr>
<tr><td colspan="4">7．学校と仲よし大作戦
「仲よし大作戦」で仲よくなった人たちが、学校のどこにいたのかを思い出す。学級全体で学校を探検し、「？（不思議）」や「！（発見）」を見付ける。
8．探検報告会①をしよう（学校①）
「！（発見）」や「？（不思議）」を伝え合う。
9・10．もっと探検しよう！
さらに見付けたいことや調べたいことを友達同士で調べに行く。
11．探検報告会②をしよう（学校②）
学校探検で見付けたことを伝え合う。

学校の施設の位置や特徴を調べ、それらを絵にかいたり、人に伝えたりしている。
☺もっと知りたい！という思いをもち、自分から調べようと行動している。</td><td colspan="2">12．登下校で出会う人と仲よし大作戦
登下校で出会う人を思い出し、どんな会話をするか、どんなことをやっているかを伝え合う。
13．通学路探検をしよう
学校の周りの通学路を歩き、横断歩道や標識、安全を支えてくれる人やルールなどに気付く。
発見したことや気付いたことを伝え合い、安全に登下校するにはどうすればよいか考える。

安全に登下校するためにはどうすればよいかを通学路の状況に応じて考えている。
交通ルールやマナーを守り、安全に登下校している。</td></tr>
</table>

【評価規準】…知識・技能　…思考・判断・表現　☺…主体的に学習に取り組む態度

本単元における主体的・対話的で深い学び

生活科では、身の回りの様々な人々と関わりながら活動したり、伝え合ったりすることを大切にしている。本単元においても、「なかよし大作戦」として、学級や学年の友達、先生など、学校探検という活動を通して、直接会話をすることが大事である。対象は同じでも子供によって会話の内容や気付きなどは様々である。それらを伝え合う場を設定し、新たな気付きや疑問が生まれ「もっと知りたい！　調べてみたい！」という主体的な気持ちを大事にするためにも、繰り返しの場を大切にしていきたい。

伝え合うときには、文字言語だけで伝えるのではなく、「○○カード」にかいた絵を見せながら話したり、実物投影機を活用したりする。教師の写真を見せたり、場合によってはゲストティーチャーとして教室に招いたりして、子供たちが伝えたいという思いを実現できるような支援が大切である。対話を通して思いを実現しながら活動していくことで、学校には自分を支えてくれている人がたくさんいることに次第に気付いていき、安心して楽しく学校生活を送る技能や習慣を身に付けるようにしたい。

本時案

学級の友達と仲よし大作戦

本時の目標

よろしくねカード（名刺）を渡しながら自己紹介をする活動を通して、学級の友達に進んで関わろうとするとともに、友達の名前や好きなものを知り、仲よくしようという思いをもつことができる。

資料等の準備

・よろしくねカード
（表面に名前、裏面に好きなものの絵。国語や図画工作の時間に書く）
・よろしくねカード（見本）
提示用として見本を準備する

対話的な学びの視点からの授業改善
➡活動の工夫

point 1 「よろしくねカード」を事前に作成しておく。表には、国語科の学習と関連させて、自分の名前を丁寧に書く。裏面には、図工科の学習と関連させて、好きなものの絵を色鉛筆などでかく。好きな食べ物、動物、キャラクターなど、あらかじめ候補を出し合ってから書き始めるとイメージしやすい。

point 2 教室内を自由に歩きながら自己紹介をする活動を行う。その際に、競い合うようにたくさん交換することが目的にならないようにする。仲よくなるためにはどんな自己紹介がよいかを考え、「仲よし大作戦」の目的を最初に確認する。相手の友達の話を目を見て聞く姿や相手に質問をする姿など、友達のことをより深く知ろうとする姿を称賛して学級内に広める。

授業の流れ ▷▷▷

1 「仲よし大作戦」のやり方を知る

事前に国語で作成した「よろしくねカード」を交換して自己紹介をし合うことを伝える。どんな自己紹介の仕方がいいかを発表し合い、教師がお手本を見せる。「笑顔だと話しやすい」「握手もした方がいいね」など、子供たちの発想を大事にし、出た意見は黒板にメモしておく。

2 「仲よし大作戦」を行う

私は〇〇です。好きなスポーツはドッヂボールです

教室内を自由に歩きながら、「仲よし大作戦」を行う。「よろしくねカード」の名前を見せながら「私は〇〇です」と名乗り、裏の絵を見せながら、「好きな〇〇は、△△です」と自己紹介する。「仲よくしようね」や「よろしくね」などの言葉や動作やよい表情を称賛する。

活動：「よろしくねカード」を作り、交流する

point 1

➡「よろしくねカード」を事前に作成しスムーズに話せるように準備する

point 2

➡教室内で自由に歩きながら自己紹介する。聞き合う姿勢を大切にする

3 「仲よし大作戦」の感想を発表する

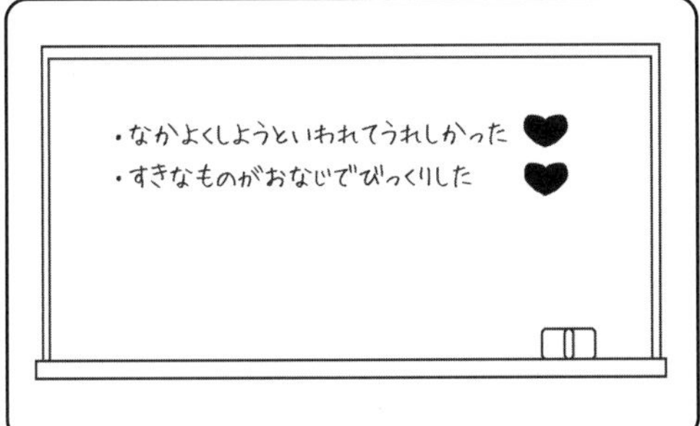

・なかよくしようといわれてうれしかった
・すきなものがおなじでびっくりした

「仲よし大作戦」の感想を伝え合う。「仲よくしようねと言われてうれしかった」「好きなものが同じでびっくりした」など、発見や喜びなどを引き出し、「もっと友達のことを知りたい」「これからもっと仲よくなりたい」という思いを高められるように板書する。

期待する子供の反応

学級の友達の名前を知り、もっと仲よくなりたいという思いをもつ。

1 ［導入］

「仲よし大作戦」で、たくさんの友達と仲よくなりたいな。

2 ［展開］

○○さんに「仲よくしようね」と言われてうれしいな。休み時間に一緒に遊びたいな。

3 ［まとめ］

もっと仲よしになりたいから、休み時間にも自分から声をかけてみようかな。

本時案

学年の友達や先生と仲よし大作戦

本時の目標

学年の友達と仲間づくりや自己紹介をする活動を通して、学年の友達に進んで関わろうとするとともに、ルールを守って楽しく生活しようとすることができる。

資料等の準備

・よろしくねカード（前時と同じ）
・担任の「よろしくねカード」（画用紙にかく、もしくは実物投影機で拡大提示する）
・キーボード、または CD プレイヤー

対話的な学びの視点からの授業改善

➡活動の工夫

point 1 各担任も「よろしくねカード」を用意しておき、学年の子供たちに向けて自己紹介を行う。画用紙などに大きく書いて提示してもいいし、子供たちと同じサイズのものを実物投影機で拡大して提示してもよい。一方通行の自己紹介ではなく、子供たちからの質問を受け付けて何回かやり取りすることで、その後の子供同士の自己紹介で会話の往復が増えるようにする。

point 2 振り返りの際には、全体で感想を言う前に、まずは隣の子とペアになり、思ったことをお互いに言うようにする。その後、前後の友達とペアになり、もう一度感想を伝え合う。その後全体で感想を発表するようにすることで思いを共有していく。

授業の流れ ▷▷▷

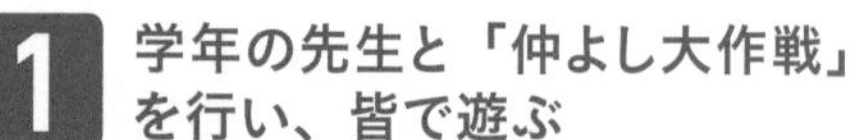

1 学年の先生と「仲よし大作戦」を行い、皆で遊ぶ

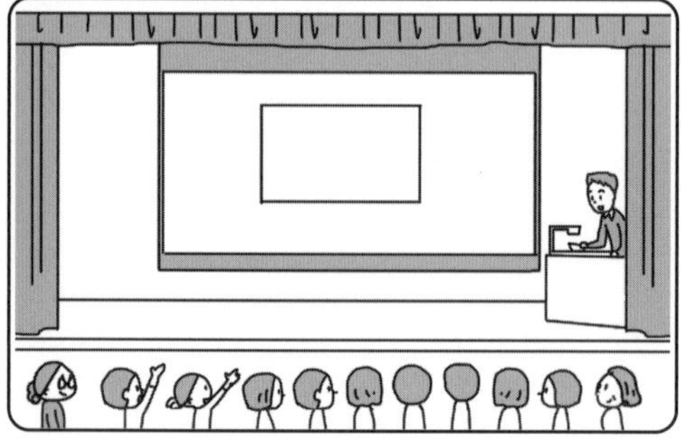

「よろしくねカード」の拡大版を子供たちに提示しながら（実物投影機でも可）、自己紹介をする。第1時に子供が学級で行った「仲よし大作戦」よりも言葉を少し加えたり、質問を受け付けたりすることで、子供たち同士の自己紹介のときに会話がはずむように意識する。

2 学年の友達と「仲よし大作戦」を行う

学年の友達とも仲よくなりたいという思いをもつ。仲間づくりでペアになった友達と「よろしくねカード」を交換して、手遊び歌などを行う。何回か繰り返し、いろいろな友達と関わる。学級でやった「仲よし大作戦」のよかったところを意識している姿があれば称賛していく。

活動：自己紹介の仕方を学び、交流する

point 1
➡教師も自己紹介を行う。教師自身が子供たちとのやり取りを大切にする

point 2
➡振り返りはペアでの交流→全体で共有

3 「仲よし大作戦」の感想を発表する

学年の友達や教師と一緒に「かもつれっしゃ」や「おにごっこ」などの遊びを通して、たくさんの人と関わり、ルールを守って楽しく遊ぶことができるようにする。友達ができてうれしい気持ちなどを発表し合うことで、もっと仲よくしていきたいという気持ちを高める。

期待する子供の反応

学年の友達や先生に関心をもち、たくさんの人に進んで関ろうとする。

1 [導入]
隣の学級の先生はどんな先生かな。「仲よし大作戦」で、他の学級の友達とも仲よくなりたいな。

↓

2 [展開]
仲間づくりでペアになった○○さんと初めてお話できてうれしかったな。

3 [まとめ]
学年の友達や先生と仲よくなれてうれしいな。皆で遊ぶと楽しいな。もっと友達を増やして、仲よく遊びたいな。

本時案

上級生や学校の先生たちと仲よし大作戦

本時の目標

仲よし大作戦で何をするかを考える活動を通して、同学年の友達や先生だけでなく、学校には上級生や他の先生もたくさんいることに気付き、学校にいる人ともっと仲よくなりたいという思いをもつことができる。

資料等の準備

・「よろしくねカード」を作成する用紙
・サイン帳の用紙
・校内の先生の写真（黒板に貼るサイズ）

深い学びの視点からの授業改善

➡板書の工夫

point 1 仲よくなった先生を発表し、その先生の写真を黒板に貼る。他の子供もその先生との関わりを考えたり、他の先生との関わりを思い出したりするようにする。また、仲よしの理由を書くことで、「仲よし」の具体はどういうことかを集積し確認する。

point 2 上級生や先生たちとも仲よくなるためにはどうすればよいかを考え、伝え合う場を設定する。前時までの学びを生かす姿や新たなアイデアを提案する姿などを称賛しながら板書していく。そうすることで、友達の考えを聞いて、新たな視点に気付いたり、自分のやりたいことを選んだり決めたりするための手立てとなる。

授業の流れ ▷▷▷

1 これまでに仲よくなった上級生や先生を発表する

朝一緒に登校している4年生の○○くんと仲よくなったよ。

学級の友達や学年の友達と「仲よし大作戦」を行って以来、続けていることやさらに仲よくなった体験などを発表する。上級生の友達の話が出てきたら、その関わりを聞き、学年以外の人に目を向けるきっかけとする。上級生や先生たちとも仲よくなりたいという思いをもつ。

2 上級生や先生たちと仲よくなるための作戦を立てる

自分だけの「よろしくねカード」をつくろう

上級生や先生たちと仲よくなるためにはどうすればよいかを考える。「よろしくねカード」を渡す、握手やハイタッチをする、サインを書いてもらうなど、経験を生かした意見や新たなアイデアなどを板書し、その中から自分のやりたい「仲よし大作戦」を選んで準備をする。

なかよし　だいさくせん

point 1

○○せんせい
・あいさつをした
・にっこりしてくれた

△△せんせい
・やすみじかんにあそんだ
・たくさんはなしをした
・なまえをおぼえてもらった

point 2

どうすればなかよしになれるかな？
・「よろしくねカード」
・サイン

・あくしゅ

・ハイタッチ

3 どうやって仲よくなるか伝え合う

どんな方法で「仲よし大作戦」を行うかを伝え合う。最初はグループ内で伝え、その後学級全体で伝え合う場を設定する。子供たちから出た意見は板書し、実際に行う際のヒントになるようにする。休み時間に早速実行したいという声が挙がれば、自主的に動き出す姿を称賛する。

期待する子供の反応

同じ学年の友達や先生以外の学校の人と仲よくなりたいという思いをもつ

1 **[導入]**
仲よしの友達が増えたよ。上級生や先生たちとももっと仲よくなりたいな。

↓

2 **[展開]**
どうしたら仲よくなるか自分で作戦を考えよう。

↓

3 **[まとめ]**
学校中のいろいろな人と早く仲よくなりたいな。

本時案

学校にいる人と仲よし大作戦

本時の目標

学校にいる他の先生方や上級生にルールやマナーを守りながら自己紹介する活動を通して、多くの人に自分から声をかけることができる。

資料等の準備

・デジタルカメラ
・学習カード 1-1-1
（なかよしカード〔振り返り用〕）

＊職員に学校探検を予告し、ルールやマナー指導をお願いしておく

主体的な学びの視点からの授業改善

➡活動の工夫

point 1 事前に、国語の授業と関連させて、ルールやマナーを学級で話し合う。「こんなときはどうする？」という具体的な場面を設定しながら確認する。自分たちで決めたルールという意識をもてるよう画用紙に書いて教室に掲示し、学級探検の際にも活用する。

point 2 前時に準備したもの（「よろしくねカード」や「サイン帳」など）を持って、自由に校内を回る。担任外の先生（事務の先生や用務員の方、栄養士の方など）には事前にお願いをしておき、子供たちが声をかけたときには対応してもらう。上級生や授業を行っている先生のところには、休み時間にも活動できるよう体制を整える。

授業の流れ ▷▷▷

1 ルールやマナーについて話し合う

やくそく
・しずかにあるいていく
・あいさつをする
・じゅぎょうをやっているへやにははいらない

「学校にいる人と仲よし大作戦」を行うに当たり、ルールやマナーを学級で話し合う。職員室や事務室への入り方、お仕事をしている先生への声のかけ方など、具体的な状況を想像して考えるようにする。上級生の学級は休み時間に行った方がよいことに気付くようにしたい。

2 「学校にいる人と仲よし大作戦」を行う

校内を自由に歩きながら、「仲よし大作戦」を行う。教師は、安全面に配慮したり、声をかけられずに困っている子にアドバイスをしたりしながら校内を回る。子供たちの様子を写真に撮り、次時で活用したり掲示したりして活動を可視化すると、振り返りにも活用できる。

活動：ルールやマナーを踏まえ、校内を回る

point 1

➡マナーやルールは事前に共有。「こんなときはどうする？」とクイズ形式などで考え話し合いながら見付けられるようにする

point 2

➡教師以外の方々と積極的に関わるためにも、「よろしくねカード」や「サイン帳」などのワークシートを活用する

3 「なかよしカード」を記入する

教室に戻り、「なかよしカード」を記入する。例えば、仲よくなった人の顔を色鉛筆でかいたり、好きなものをメモしたり、吹き出しをかいてどんな会話をしたかを表現したり、思ったことを書いたりする。書く内容は黒板に例示しておき、子供たちが振り返りができるようにする。

期待する子供の反応

学校にいる人に、ルールやマナーを守りながら自分から声をかける。

1 [導入]

学校の先生たちと仲よくなりたいな。

2 [展開]

「失礼します」と言ってから、職員室に入ったら、教頭先生がいて、自己紹介したよ。音楽室では好きな歌を聞いたから、今度一緒に歌いたいな。

3 [まとめ]

いろいろな先生と仲よくなってうれしいな。休み時間に６年生の先生のところに行ってみようかな。

本時案

仲よし報告会をしよう

本時の目標

仲よくなった人を報告し合う活動を通して、学校には様々な教職員や上級生が生活しているとともに、たくさんの人に支えられて学校生活が送られていることに気付くことができる。

資料等の準備

・模造紙（2～3枚）をつなげておく
・先生の写真
・マジック

深い学びの視点からの授業改善

➡環境構成の工夫

point 1 教室の壁か黒板に模造紙を貼り、そこに写真を貼りながら、「なかよしマップ」を作っていく。「1階の一番向こう側の部屋には事務の先生がいるよ」と子供が発言したら、そこに事務の先生の写真を貼る。「ひと」に向いていた目を「場所」「位置関係」にも向けるための手立てとなる。「なかよしマップ」を作りながら「何をする場所かな？」「何ができる教室だろう」と学校のいろいろな場所へ行ってみたいという「場所」への思いを引き出していく。

授業の流れ ▷▷▷

 1 「なかよしマップ」を作成する

6年生は3階にいます

模造紙3枚分くらいの大きな紙を教室の壁か黒板に貼り、「学校は何階まである？」と子供たちに確認しながら、階の線を引く。自分たちの教室や1年生の他の教室など、身近な教室の場所を確認して書き込む。仲よくなった上級生や先生方のことを思い出すように促す。

2 仲よくなった人を報告する

職員室には教頭先生がいました

例えば「職員室の教頭先生に、『よろしくねカード』を渡しました」という発言があったら、「職員室はどこかな？」と全員で確認しながら模造紙に「職員室」と書き込み、教頭先生の写真を貼る。場所に着目しながら説明できたことやどんな会話をしたのか具体的に報告する。

環境構成のイメージ　大きな模造紙で「なかよしマップ」を作る

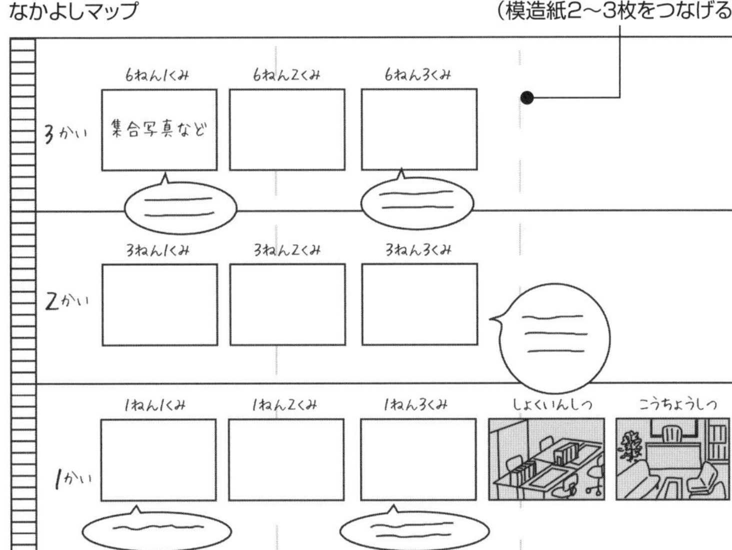

3 仲よし報告会の振り返りを行う

まだ行って
いないところ
に行きたい

「なかよしマップ」を見ながら、振り返りを行う。たくさんの人と仲よくなったことを称賛しつつ、仲よくなった先生方がどんな仕事をしていたのかについても触れる。学校にいる人たちが自分たちのためにいろいろなことをやってくれていることに気付くようにする。

期待する子供の反応

学校にいるたくさんの人に支えられて学校生活を送っていることに気付く。

1 [導入]
いろいろな人と仲よくなったから、クラスのみんなに伝えたいな。

↓

2 [展開]
○○先生と仲よくなったことを伝えられてよかった。△△ちゃんは誰と仲良くなったのかな。

↓

3 [まとめ]
学校にはたくさんの人がいて、私たちのためにお仕事をしてくれているんだね。もっと学校のことを知りたいな。

本時案

学校と仲よし大作戦

本時の目標

学級のみんなで学校探検をする活動を通して、学校にある物を発見したり、それに対して疑問をもったりして、学校にはどんな部屋や物があるのかに関心をもつことができる。

資料等の準備

・資料 1-1-2
※「?」マークと「!」マーク（黒板に貼ったり、なかよしマップに貼ったりする）
・学習カード 1-1-3
（「みつけたよカード」。多めに印刷して箱に入れておく）
・探検バッグ

主体的な学びの視点からの授業改善

➡活動の工夫

point 1 前時で「ひと」から「場所」に目を向けた始めた子供たちの発言や思いを、学校探検につなげていく。前時の「なかよしマップ」を見ながら、どんな人がどこで仕事をしていたのかを思い出すようにする。「○○先生はいつも保健室にいるよ。保健室にはベッドがあったけど、他にどんな物があるのか知りたいな。」などの思いをもって探検に出発できるようにする。

point 2 今回は学級全員で学校探検する。子供たちのつぶやきや気付きを「?」や「!」として大いに認めて全体に広め、「見付ける目」を育てていく。見付け方（学び方）を学ぶことで、今後生活科で学びを深めていく際の基礎となる資質・能力を育成していきたい。

授業の流れ ▷▷▷

1 学校探検の目的やルールやマナーについて確認をする

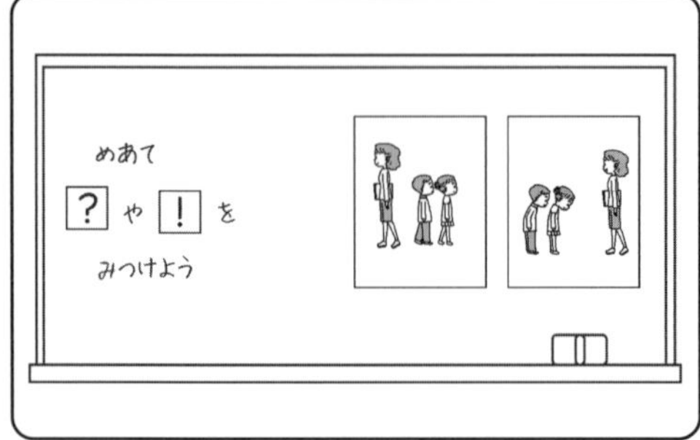

前時の「なかよしマップ」を見ながら、どういうルートで探検するのかを確認し、「?（不思議）」や「!（発見）」を見付けてこようと投げかける。また、第5時に確認したルールやマナーについても再度確認し、追加があれば出し合う。

2 学級全体で学校探検を行う

教室から出発して、各階を順番に見て歩くようにする。1階を探検したところで、どんな「?」や「!」を見付けたのか聞き、「みつけたよカード」を書く時間を少し設ける。いい気付きを褒めることで、2階ではもっとたくさん見付けようという気持ちをもてるようにする。

活動：「？」や「！」をたくさん見付ける

point 1

➡探検の前にマップを見ながらどんな人がどんなことをしていたか確認する。分からないところ・知りたいことも共有する

point 2

➡どんな「？」や「！」が生まれたかを共有する

3 「みつけたよカード」を完成させる

教室に戻ったら、「みつけたよカード」に追加して記入したり、色を付けたりする。カードは多めに印刷して箱に入れておき、子供たちが自由に取りに来られるようにする。書いたカードを集め、誰がどのような気付きをしているのかを次時までに把握しておく。

期待する子供の反応

学校探検することにより、学校の施設や物に関心をもつ。

1 **[導入]**
「？」や「！」をたくさん見付けたいな。みんなでルールを守って学校探検をしよう。

⬇

2 **[展開]**
本がいっぱいあってわくわくするな。2年生が静かに本を読んでいるよ。ここでは静かにするルールなんだね。

⬇

3 **[まとめ]**
今度はパソコンがいっぱいある部屋にも入ってみたいな。

本時案

探検報告会①をしよう

本時の目標

学校探検で見付けたことや疑問に思ったことなどを伝え合う活動を通して、学校の施設やそこにある物、その役割などを考えることができる。

資料等の準備

・なかよしマップ
・実物投影機
・プロジェクタや TV

対話的な学びの視点からの授業改善

➡環境構成の工夫

point 1 「みつけたよカード」を見せながら、「なかよしマップ」に追加して貼っていく。説明する子供にとっては、場所や物を伝えやすくなり、聞いている子供にとっても、視覚情報があることで、その場所や物をイメージしやすくなる。見えにくい場合は、実物投影機で「みつけたよカード」を拡大提示しながら説明するとよい。

こうした活動を通して、友達の発言を比較したり関連付けたりして聞く態度を育てることも意識していきたい。

授業の流れ ▷▷▷

1 学校探検で見付けた「?」や「!」を紹介する（グループ）

前時に書いた「みつけたよカード」をグループの友達に見せながら伝える。発見したこと、疑問に思ったことなどを中心に話すようにする。同じ場所や物、人に注目した場合は、付け加えて話すように促す。友達の話に反応しながら聞く姿を称賛していく。

2 学校探検で見付けた「?」や「!」を紹介する（学級全体）

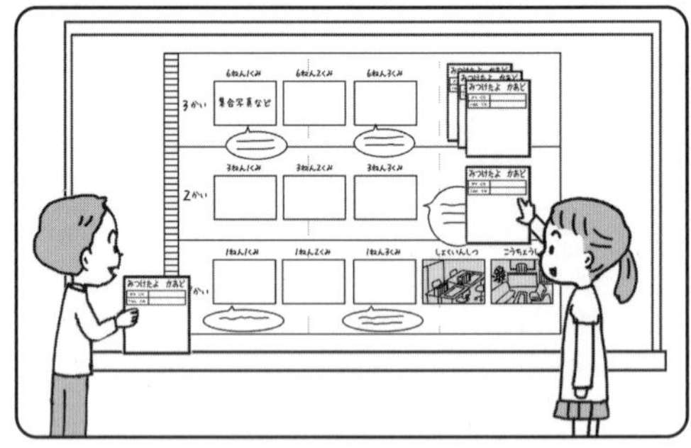

場所ごとにカードを貼りながら、紹介をしていく。同じ場所のことをかいたカードを持っている場合には、付け加えて説明をしてカードを貼っていくようにする。よい気付きを事前に見取っておき、意図的に指名することも考えられる。

環境構成のイメージ　「なかよしマップ」を基に考える

point 1

「みつけたよカード」を拡大掲示し共有しながら
マップ上の適切な場所に貼り付けていく

（電子黒板）

3 友達の発表を聞いて、思ったことを伝え合う

友達の報告を聞いて、思ったことや、もっと詳しく知りたいことや行ってみたいところなどを発表し合う。子供たちの「もう１回学校探検をしたい！」という思いを高めてから、２回目の学校探検を実施することを伝える。

期待する子供の反応

学校探検を振り返り、学校の施設やそこにある物、その役割などについて考える。

1 **［導入］**
学校探検のとき、保健室で冷蔵庫を見付けたよ。友達にも教えてあげたいな。

↓

2 **［展開］**
同じ場所のことでも、ぼくと違う発見をした友達がいたよ。

↓

3 **［まとめ］**
今度はもっと詳しく見てきたいな。保健室の冷蔵庫の中に何が入っているのか知りたいな。

本時案

もっと探検しよう！

9-10/14

本時の目標

自分が興味をもった場所へもう一度探検に行くことにより、学校の施設やそこにある物、その役割について考え、自分から進んで調べようとすることができる。

資料等の準備

・学習カード 1-1-3
・探検バッグ
・鉛筆や色鉛筆

主体的な学びの視点からの授業改善

➡活動の工夫

point 1 前時に抱いた「まだ行ったことのない場所に行ってみたい」「不思議に思ったことを○○先生に聞きたい」などの思いを実現するために、本時では個人で活動をする。幼児期に自ら考え主体性をもって行動する経験をしてきている。その経験をもとにしながら、自分の願いを実現しようとする活動にしていきたい。

point 2 特別教室に入りたいという依頼があった場合は、担任の教師がついたり、学級外の教員に依頼したりして、子供だけで入ることがないよう配慮する。

授業の流れ ▷▷▷

1 学校探検の目的やルールを確認する

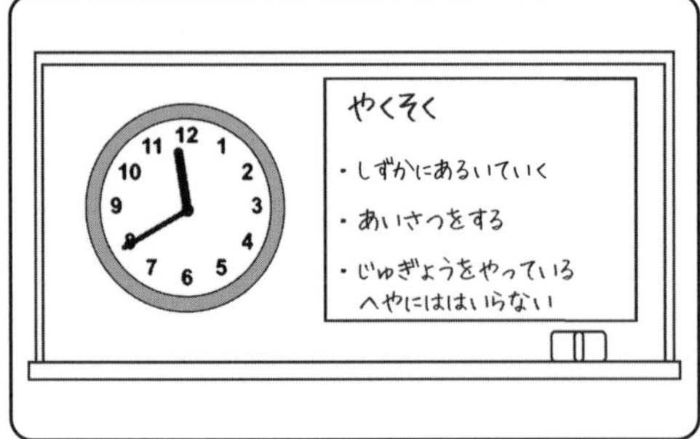

前時を振り返り、各自で行きたい場所や見てきたいこと、聞いてきたいことなどを確認する。ルールやマナー、戻ってくる時刻などの約束事を確認して、出発する。「みつけたよカード」は、必要な枚数持って行き、足りなくなったら教室に取りにくるように伝える。

2 個人で学校探検を行う

鍵がかかっている部屋は教師が一緒でないと入れないことを伝え、見学したい場合は、学年の教師が付き添い、安全確保をする。その場で見付けたことや聞いたことなどを「みつけたよカード」をかいてくるようにする。

活動：自分が興味をもった場所を探検する

point 1

➡自分が興味をもった「？」を解決しようとする

point 2

➡友達の発表で興味をもった場所へ行って「！」を見付ける

保健室の冷蔵庫の中には、お水やタオルなどが入っています

素敵な音だね

3 学校探検の振り返りをする

みんなに伝えたい「？」や「！」を書いてね

教室に戻ってきたら、学校探検の感想を聞く。次時に、「みつけたよカード」を紹介し合うことを予告し、「みんなに～を伝えたいな」という次時への思いを高められるようにする。

期待する子供の反応

自分が興味をもった場所へ探検に行き、学校の施設やそこにある物、その役割について進んで調べる。

1 **［導入］**

保健室の冷蔵庫が気になるから、中に何が入っているのか、聞いてみよう。

↓

2 **［展開］**

けがをしたときに使う保冷剤が入っていたよ。保健室には体温計が４本もあってびっくりしたよ。

↓

3 **［まとめ］**

他にも気になる場所を見に行くことができてうれしかったな。

本時案

探検報告会②をしよう

本時の目標

学校探検で発見したことを伝え合う活動を通して、学校の施設の位置や、場所と場所の関係、その働きなどについて知り、自分との関わりに気付くことができる。

資料等の準備

・なかよしマップ
・ホワイトボード
・前時に子供たちが書いた学習カード

深い学びの視点からの授業改善

➡板書の工夫

point 1 「なかよしマップ」は教室の壁や黒板に掲示し、子供たちの「みつけたよカード」は、引き続き「なかよしマップ」に貼っていく。学校の施設の位置や、物と自分との関わりに関する気付きは、吹き出しに記入してなかよしマップに貼っていく。授業の最後に報告会の感想を交流する場面では、なかよしマップを見て気が付いたことにも触れていく。学校の場所と場所が点ではなく、それぞれが自分の学校生活とどのように線でつながっているのかについて考えたり、気付いたりすることを期待する。前回の報告会よりも気付きの質が高まっていくことで、深い学びとなっていく。

授業の流れ ▷▷▷

1 報告会のめあてや目的を確認する

気付いたことや
不思議に思った
ことをみんなで
伝え合おう
?
!

前時や休み時間などに学校探検をしてきて、どんな「?」や「!」を友達に伝えるのかを考える。クラスの友達に伝えるのもよいが、保護者会の際に行うと、「おうちの人に分かりやすく伝えたい」という相手意識の基で伝えることができる。

2 探検報告会②をする

学習で使う教室が
たくさんあったよ

新たな視点に目を向けていたり、前回疑問に思ったことを解決していたりする姿を称賛する。相手を意識して、どのように話せば伝わるのかを考えながら話している様子も認め、探検の内容面と報告の仕方の両面のよさをフィードバックしていく。

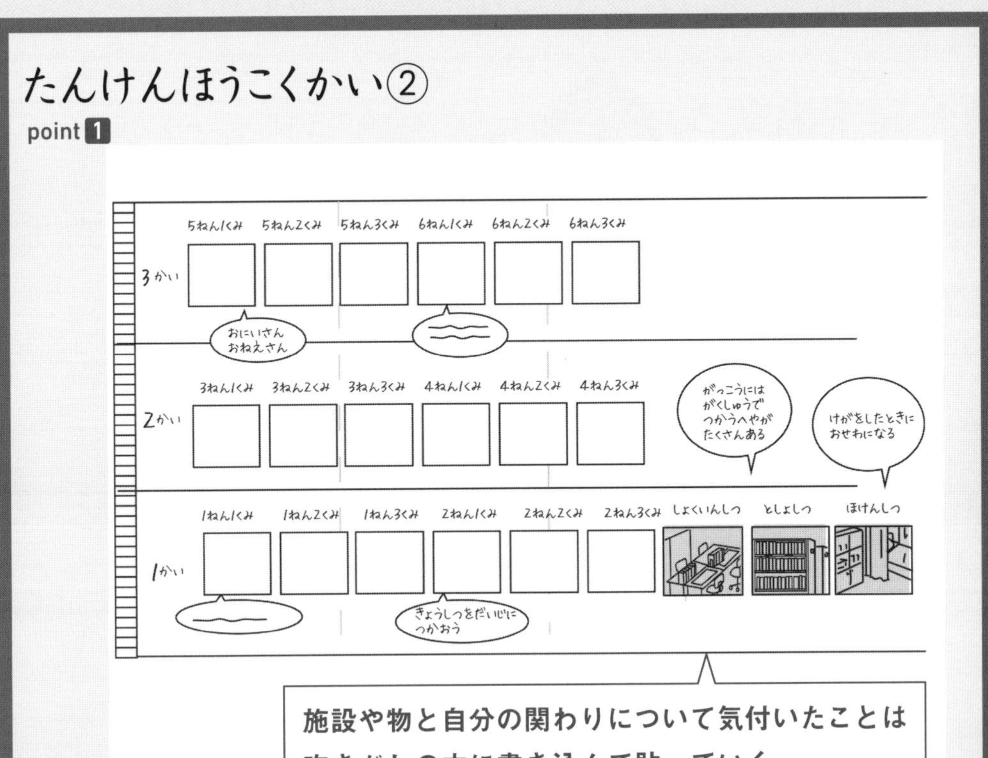

3 報告会の感想を発表する

友達の報告を聞いて、思ったことや行ってみたくなった場所とその理由などについて交流する。引き続き、学校探検をして、いろいろな人や物と仲よくなりたいという気持ちを高めたい。

期待する子供の反応

学校の施設の位置や場所と場所の関係、その働きなどについて知り、自分との関わりに気付く。

1 **[導入]**

新しい「！」を友達に伝えたいな。

2 **[展開]**

パソコン室には40台もパソコンがあるなんて知らなかった。数えたなんてすごいな。

3 **[まとめ]**

学校には、ぼくたちが学習で使う部屋や生活でお世話になる部屋がたくさんあるんだな。

本時案

登下校で出会う人と仲よし大作戦

本時の目標

自分の登下校の様子を思い起こして意見を出し合う活動を通して、登下校で出会う人は、どんな役割をしているのかを考えることができる。

資料等の準備

・通学路図
・安全を守っている人の写真（交通安全指導の方、安全パトロールをしている人、警察官など）
・安全を守るためのものの写真（標識、信号、横断歩道、避難所の看板、こども110番の看板など）

深い学びの視点からの授業改善

➡板書の工夫

point 1 表にして板書することで、「とき」「場所」「役割」に目を向けながら考えることができる。表を見ながら「暑い日も寒い日も毎日こういう活動をしてくれているのはどうしてかな」と投げかけることで、どの人も、自分たちの安全を守るために活動してくれているということに気付くようにしたい。

point 2「自分たちの安全を守るために活動してくれている人」について考えた後に、「安全を守っているのは、人だけかな？」と投げかけ、表の「場所」に書いてある、「信号」や「横断歩道」にも目を向けさせたい。他にも、標識や信号など、実際の通学路で写真を撮ってきて、子供たちが発言したら、実物投影機で提示する。

授業の流れ ▷▷▷

1 登下校のときに出会う人を思い出す

今まで行ってきた「仲よし大作戦」を振り返り、登下校で出会う人とも「仲よし大作戦」をやろうと投げかける。通学班の友達や地域の方、警察官など、通学路で会ういろいろな人を思い出し、黒板に書く。

2 登下校で出会う人たちがどんな役割をしているのかを考える

交通安全指導の方の話が出たら、「どこで活動をしてくれているのかな」と聞き、通学路図で旗のマークをかき込む。さらに、「どうしてここで活動をしてくれているのだろう」と投げかけることで、安全を守る人たちの役割や自分との関わりに目を向けさせたい。

とうげこうで　であうひとと　なかよし　だいさくせん

point 1

ひと	いつ	どこで	やってくれていること
はたふりをしているひと	あさ	おうだんほどう	くるまをとめて、とおしてくれる
きみどりのベストをきたひと	かえり	しんごう	あおしんごうになったら、とおしてくれる
おまわりさん	ときどき	おうだんほどう	ふえをならして、とおしてくれる

○わたしたちの　あんぜんを　まもってくれている。　point 2

? きみどりのベストをきたひとと、きいろいたすきをしたひとは、ちがうのかな。

? おまわりさんがいるばしょは、とくに　あぶないばしょなのかな。

3 聞いてみたいことや確かめたいことを出し合う

「ときどき、おまわりさんがいるのはなぜかな？」「黄緑のベストを着た人は、誰かな？」など、疑問に思うことを出し合い、「次回、直接聞いてみよう」と投げかける。どんなことを確かめたいか、一人一人が思いをもって次時の探検を迎えたい。

期待する子供の反応

通学路で出会う人を思い起こし、どんな役割をしているかを考える。

1 **[導入]**

毎朝、友達のお父さんやお母さんが交通安全指導をしてくれているよ。

2 **[展開]**

横断歩道のところに立っているね。安全に渡れるようにしてくれているのかな。

3 **[まとめ]**

帰るときには、黄緑のベストを着た人がしてくれているよ。おうちの人とは違うのかな。確かめたいな。

本時案

通学路探検をしよう 13-14/14

本時の目標

地域の人々や安全を守っている人々と一緒に通学路を歩く活動を通して、安全な登下校の仕方について考え、行動していこうとすることができる。

資料等の準備

・通学路図
・ゲストティーチャー（交通安全指導をしている保護者、見守り隊や安全パトロールの方、警察官など）

対話的な学びの視点からの授業改善
➡活動の工夫

point 1 事前にゲストティーチャーに依頼をしておく。前時に挙がった子供たちの疑問も事前に伝えておき、その場で質問に答えてもらうように依頼しておく。危険な場所や子供たちに気を付けてほしいことなどに加えて、どんな思いで活動を行っているのかについても話してもらうことで子供たちが自分との関わりを考えるきっかけになる。

point 2 ゲストティーチャーと一緒に通学路探検をし、学校に戻ってきてから、気付いたことやこれからどんなことに気を付けて登下校したいかを発表する。友達の発表を聞いて、自分がこれから気を付けることを近くの子供や保護者、ゲストティーチャーに伝える。また、学年だよりなどで保護者にも伝えて、一緒に通学路を歩いてもらえるとよい。

授業の流れ ▷▷▷

1 前時の疑問をゲストティーチャーに聞く（教室）

前時に疑問に思ったことをゲストティーチャーに聞く。実際にどんな箇所が危ないのか、子供たちの登下校の様子で気になることなどについて話してもらう。危険場所や危険な行動などは、担任が通学路図に書き込んだり、板書したりする。

2 ゲストティーチャーと一緒に通学路を歩く

横断歩道や信号の渡り方を確認したり、標識を見付けたり意味を確認したりしながら歩く。「こども110番の家」はどんな家なのか、塀の横を歩いているときに地震がきたらどうするのかなどについても話をしたい。

活動：マップの中に気付きを貼っていく

（通学路探検をして安全に関することを書き込んでいく）

3 通学路探検をして、気が付いたことや気を付けたいことを発表する

通学路探検で見付けた「安全を守るもの」を発表し、通学路図に書き込んでいく。子供たちの気付きは吹き出しの紙に書いて貼っていく。自分たちの安全を守るために活動してくれている人の思いや通学路探検を通して、これからどんな歩き方をしたいか考える。

期待する子供の反応

安全な登下校の仕方を知り、実行していこうとする。

1 ［導入］

私が毎日通っている道にも、危ない場所があるんだな。

2 ［展開］

「とまれ」のマークを見付けたよ。しっかり止まって、右と左を確認しよう。

3 ［まとめ］

私たちの安全を守ってくれている人がたくさんいてうれしいな。自分でもしっかり気を付けて歩くようにするよ。

2 みんなで公園に行こう

6時間

【学習指導要領】 内容⑷公共物や公共施設の利用／内容⑸季節の変化と生活

1時	2時	3時
第1小単元（導入） みんなで公園に行く活動を通して、春の自然の様子や公園の施設に関心をもとうとする。		**第2小単元（展開①）** 公園で見付けたことを紹介し合うことを通して、春の自然の様子や公園の施設、利用者に目を向ける。
1．春の公園に行ってみよう 公園の写真（拡大→全体像等）から公園探検に興味をもち、学級全員で公園に出かけたいと意欲をもつ。 **2．公園を探検しよう** 公園探検を通して、春の自然の様子や公園の施設に関心をもつ。 ☺春の自然の様子や公園の施設に関心をもち、安全に気を付けて活動しようとしている。 ☝春の自然の様子を他の季節と比べたり、施設の働きについて考えたりしている。		**3．公園で見付けたことを紹介し合おう** 公園探検を通して見付けたこと【発見！】・不思議に思ったこと【はてな？】・お気に入りの物【ハート♥】を紹介し合い、次にやってみたいことを考える。 ☝自分が見付けたことと友達が見付けたことを比べたり、仲間分けしたりして、公園の特徴について紹介している。

本単元について

単元の概要と育成を目指す資質・能力

本単元は、学習指導要領の内容⑷「公共物や公共施設の利用」、内容⑸「季節の変化と生活」を基に単元を構成し、内容構成の具体的な視点としては、「エ　公共の意識とマナー」「キ　身近な自然との触れ合い」「サ　基本的な生活習慣や生活技能」を位置付け単元を構成している。

本単元においては、身近な生活に関わる見方・考え方を生かして学習活動を展開し、一人一人の資質・能力の育成を目指していく。それは、自然や公園の施設、人に目を向け対象を捉え、公園を楽しもうという思いや願いをもって活動することである。

そのために、本単元では、身近な公園を探検し楽しむ活動を2回行う。その際には、子供が思いや願いをもとにした活動ができるようにするとともに、公共の場所のルールやマナーを守った行動や適切な挨拶や言葉使いができるようにする。また、活動を振り返り、見付けたことや心に残ったことを紹介し合う活動を大切にする。友達との交流により、自然の特徴や変化、公園施設の働き、人々の関わりに気付いてほしい。

単元の目標

春の公園を訪れて身近な自然で遊んだり施設を観察したりする活動を通して、自然の様子や四季の変化、身の回りにはみんなで使う物があるということに気付き、それらを大切にして安全に気を付けて正しく利用したり、自分の生活を楽しくしたりすることができるようにする。

4時	5時	6時
第３小単元（展開②） 生き物を探したり草花で遊んだり、興味ある物を確かめたりして、公園を楽しもうとする。		**第４小単元（終末）** 公園での活動を振り返ることを通して、自然の様子や施設の働きを捉え、正しく利用しようとする。
4・5．公園を楽しもう 公園で確かめたいことややってみたいことを体験し、公園を楽しみ、そのよさや働きに目を向ける。 ☺公園を利用する他の人のことも考えながら、楽しく活動しようとしている。 ✎自然の様子とともに、多くの利用者・関係者の存在に気付いている。		**6．公園はかせになろう** 公園で見付けたこと・心に残ったこと等（見付けたこと【発見！】・不思議に思ったこと【はてな？】・お気に入りの物【ハート♥】）を紹介し合ったり、実際に体験したりして、公園での活動を振り返る。 ☝自然の特徴や公園のよさ、働きを関係付けながら、公園の特徴として紹介している。 ✎自然の特徴や変化に気付くとともに、様々な人が公園を利用し、支えていることにも気付いている。

【評価規準】✎…知識・技能　☝…思考・判断・表現　☺…主体的に学習に取り組む態度

本単元における主体的・対話的で深い学び

本単元では、公園探検を活動の中心に位置付け、子供の思いや願いをもとに活動を展開していくことで、主体的な活動や体験の充実を図りたい。その中で、友達や地域の方との対話を仕組みながら、学びを深めていきたいと考える。

第１・２・３小単元では、公園に出かけて行くことで、見付けたこと・心に残ったこと等を体験し、紹介し合うことを繰り返す。その際、子供の気付きを全体に広げていくことで、無自覚から自覚、個別から関連付けへと気付きの質を高めていきたい。

さらに第４小単元では、公園での活動を振り返るための紹介コーナーを位置付け、友達と紹介し合い、お互いに共有していく。その中で、自然の様子や四季の変化、公園のよさや働きとともに、友達の気付きのすごさや自身の達成感を味わっていける場としたい。これらの活動を通して、公園などの公共施設を大切にして安全に気を付けて正しく利用しようとすることができるとともに、自分の生活を楽しくしようとする子供を育てたい。

本時案

春の公園に行ってみよう

本時の目標

公園の写真や地図を見る活動を通して、公園探検に興味をもち、みんなで春の公園に行ってみたいと意欲をもつことができる。

資料等の準備

・公園の自然・施設等写真
（または、プロジェクター等の拡大機器）
・公園内マップ
・公園までの地図
・掲示資料 1-2-1 
（注意事項）

主体的な学びの視点からの授業改善

➡板書の工夫

point 1 同じ公園に春→夏→秋→冬と繰り返し訪れることで、四季の変化にも目が向くようにしていきたい。そのためにも、公園内の木を、季節ごとに観察し続けていきたい。まずは、葉っぱの一部から木の全体像を見せていくという提示をすることで公園の樹木に注目するようにする。

point 2 虫や花の写真とともに、防災倉庫やトイレなどの公園の施設の写真も提示することで、探検への意欲を高める。

point 3 入学して初めての校外学習となるので、安全のための道路の歩き方や挨拶、マナーについての確認を丁寧に行う。

授業の流れ ▷▷▷

1 公園の自然や施設、公園内マップを見て公園探検に関心をもつ

子供たちが「公園に行きたい！」という思いや願いをもつように、公園にある物を写真等で提示する。葉っぱの一部分を見せ、それから徐々に全体像を見せていく等の工夫をして、子供たちの興味を引く。公園内マップの提示で全体像を捉えることにより、関心を高める。

2 公園でどんなことをしたいか思いや願いを出し合う

「公園に行きたい！」との思いが高まったところで、どんなことがしたいかを出し合う。その中で、公園探検へのイメージを膨らませていくとともに、活動への見通しをもつ。

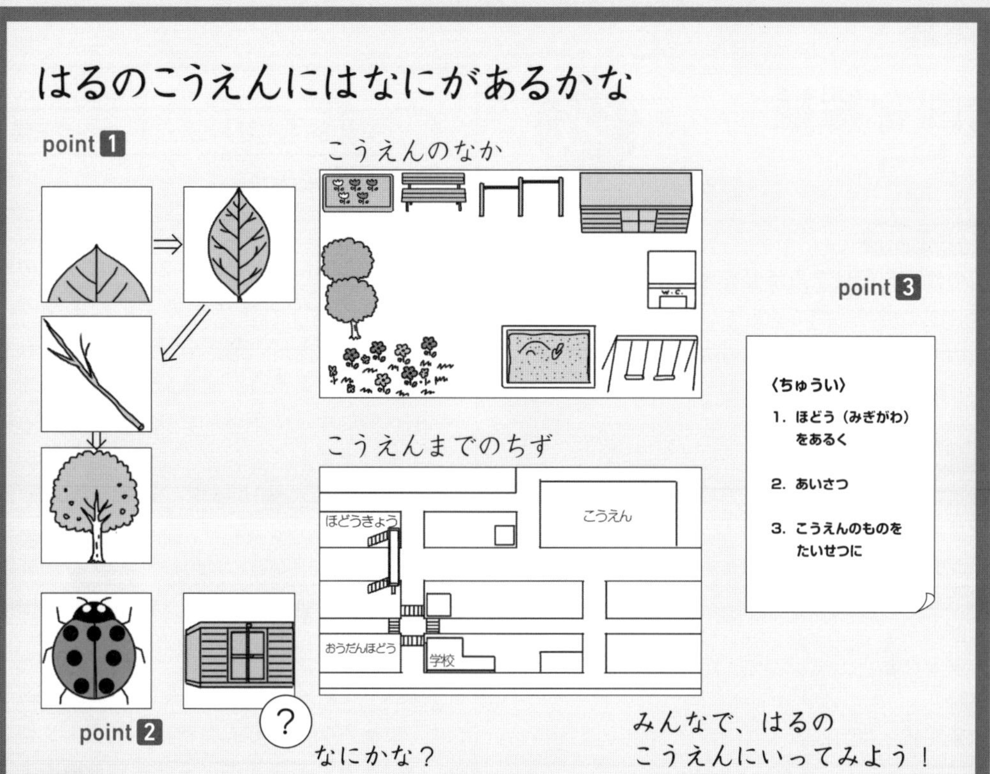
はるのこうえんにはなにがあるかな
point 1
こうえんのなか
point 3
〈ちゅうい〉
1. ほどう（みぎがわ）をあるく
2. あいさつ
3. こうえんのものをたいせつに
こうえんまでのちず
こうえん
ほどうきょう
おうだんほどう
学校
point 2
?
なにかな？
みんなで、はるのこうえんにいってみよう！

3 公園までの道のりや、安全、マナーについての確認をする

ちゅうい

みんなで春の公園に出かけることが決定したら、公園までの地図で道のりを確認しながら、注意事項を押さえていく。安全面についての指導とともに、公園まで・公園内での約束・公共のマナーについてもしっかりと確認しておく。

期待する子供の反応

春の公園探検に関心をもち、みんなで春の公園に行ってみようとする。

1 [導入]
何かと思ったら、葉っぱだった。公園には、どんな木があるかなぁ。

↓

2 [展開]
お気に入りの木や虫を見付けたいよ。みんなで遊びたいなぁ。建物も確かめよう。

↓

3 [まとめ]
○○公園にみんなで行って、いろいろ確かめたいよ。挨拶もして安全に気を付けて歩こう。

本時案

公園を探検しよう

本時の目標

春の公園を探検する活動を通して、自然の様子や公園の施設に関心をもち、春の自然の様子を他の季節と比べたり、施設の働きについて考えたりすることができる。

資料等の準備

・携帯電話
・緊急連絡先名簿
・デジタルカメラ
・救急セット
・横断旗
・ホイッスル
〈児童〉
・収集用袋

主体的な学びの視点からの授業改善

➡活動の工夫

point 1 今後繰り返し観察していくであろう「お気に入りの木」と一緒に子供の写真を撮っておく。１年間の記録によって、木の成長とともに、自分の成長も感じられるようになるであろう。次の探検の際に、木の様子が気になって主体的に関わろうとする姿も期待できる。

point 2 公園の施設にも目を向けてほしいので、関心を示している子供の姿を見逃さないように記録しておく。振り返りの際に「○○さんは、何を見付けたのかな？」と学びをつなげていくことができる。

point 3 公園で遊ぶ小さな子や運動をしている人などにも目を向けられるようにしたい。そのことが子供が主体的に公園のよさや働きを考えていくきっかけとなっていく。

授業の流れ ▷▷▷

1 公園の様子を知り、公園探検をする

集合時間を確認しよう
トイレ

公園に到着したら、まずトイレ・集合場所・集合時刻の確認を行う。危険箇所や立ち入り禁止場所等も一緒に確認をしておく。〈ちゅうい〉の２.３．についても再度確認をしてから、それぞれの願いに沿った探検を始める。

2 公園にある物を見付けながら公園で遊ぶ

花の指輪ができそう
防災倉庫
これは何かな？

興味・関心のある物に自分から進んで関わっていく姿を大切にしたい。学校に帰ってからの振り返りの際に、活動を想起するのに有効であるので、デジカメ等で写真を撮って記録に残しておくとよい。また、施設等に興味を示している場面も撮影しておく。

活動：公園を探検しよう
point 1
➡自分だけのお気に入りの木を決める
point 2
➡気になったことをメモしておく
防災 倉庫
point 3
➡自分から挨拶をする
point 3
➡自分から声をかける

3 公園での探検を振り返る

楽しく公園探検
できたかな？
春を見付けたよ
いろいろな人
がいました

公園を出る前に、感想等を聞きながら、活動の振り返りを行う。友達の話を聞きながら話しながら、「またここに来たいな」という思いを大切にしたい。事前に集合時刻を意識して集まってきた子供を褒めることで、次の活動につながる価値付けとなる。

期待する子供の反応

自然の様子や公園の施設に関心をもつ

1 **［導入］**
みんなで公園探検、うれしいなぁ。いろいろな物を見付けるぞ。遊ぶぞ。

↓

2 **［展開］**
あれ？冬にはこんな花なかったよ。花の指輪が作れるかなぁ。あの建物は、何だろう？

↓

3 **［まとめ］**
みんなと遊べて楽しかったよ。また来て遊びたいな。春の自然を見付けたよ。小さい子や運動している人もいたね。

本時案

公園で見付けたことを紹介し合おう

本時の目標

公園探検で見付けたことなどを紹介し合う活動を通して、自分と友達の感じ方の違いに関心をもち、それらを比べたり仲間分けしたりしながら、春の自然の様子やたくさんの人が利用していることに目を向けることができる。

資料等の準備

・公園内マップ
・公園での活動写真（板書用）
・公園での活動写真（プロジェクター掲示用）
・学習カード 1-2-2〜1-2-7
（発見！・はてな？・お気に入り♥）
・学習カード 1-2-8
（振り返り用）

対話的な学びの視点からの授業改善

➡板書の工夫

point 1 公園内マップの周りに子供たちが紹介する物の写真を位置付けることで、公園の物と場所が矢印で一致するようにする。友達の話を聞く中で、新たな発見に目を向けていけるよう、写真等と合わせて、板書をしていく。

point 2 子供たちが公園で見付けたこと等を分類しながら板書に位置付けていく。まとまりごとに、「自然」「春」「人」「たて物（しせつ）」「？」などと記入していくことで、春の公園の様子が整理されるであろう。さらにその板書から気付いたことなどを発表することで、子供たちの学びが深まりを見せていくことにつながる。

授業の流れ ▷▷▷

1 見付けたことを書いたカードや物を持って友達と紹介し合う

探検から帰ってすぐ、国語・図画工作の時間等を使って見付けたことなどをカードに記入しておく。カードや公園から持って帰ってきた物を持って、友達と公園で見付けたことなどを紹介し合う時間とする。友達に「すごいね！」などと言われることで自信につなげたい。

2 見付けたことを学級のみんなに紹介する

紹介し合う活動で友達からの共感や称賛をもらっているので、全体の場で発表することにも意欲的になれる子供も多いであろう。この場で進んで発表できる子供はもちろんのこと、あと一歩が踏み出せないでいる子供にも教師からの声かけで、全体の場に立つように支援する。

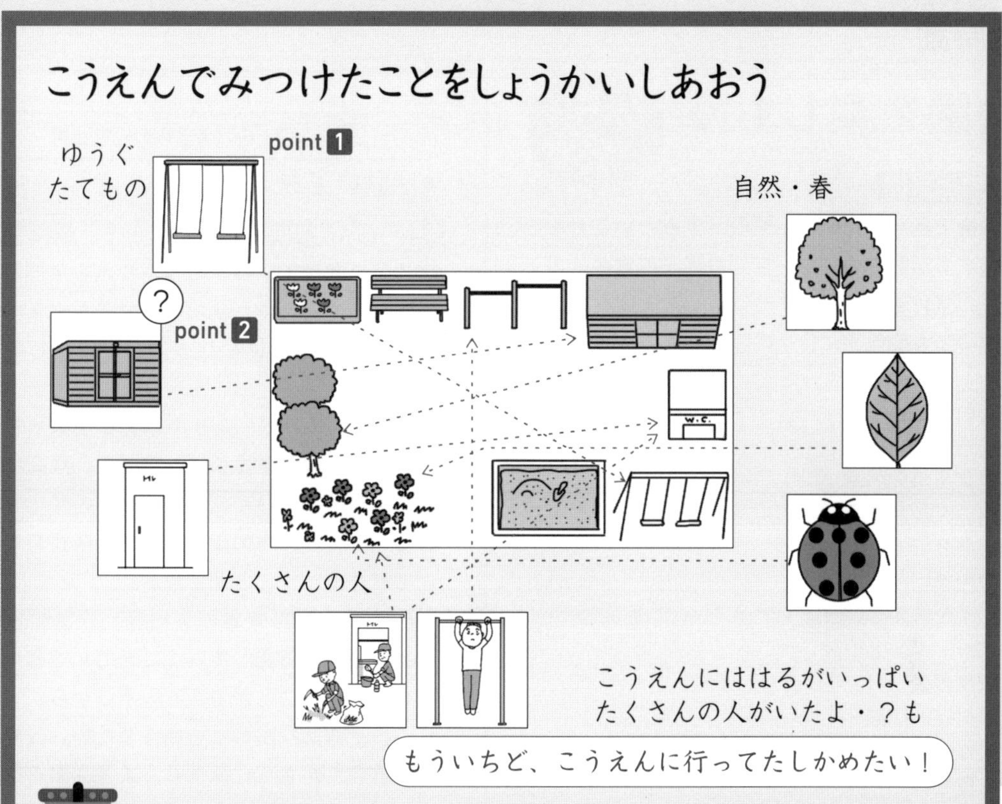
こうえんでみつけたことをしょうかいしあおう
ゆうぐ
たてもの
point 1
自然・春
?
point 2
たくさんの人
こうえんにははるがいっぱい
たくさんの人がいたよ・？も
もういちど、こうえんに行ってたしかめたい！

3 次の探検でやってみたいことを考える

バッタをつかまえたい！
私もお気に入りの木を決めたい

友達の発表を聞いた感想等を出し合っていく中で、「次は、私も○○さんのようなことがしたいです」という子の意見を大切にしながら、もう一度公園に行きたいという思いを共有する。また、板書を基に「次にやってみたいこと」を考えるようにする。

期待する子供の反応

公園探検で見付けたこと等を紹介し合い、次にやってみたいことを考える。

1 ［導入］
公園でこんなものを見付けたよ。○○さんは、そんなものを見付けたの？すごいねぇ。

↓

2 ［展開］
みんなが見付けた物を聞くと楽しそう。私ももっと見てみたいなぁ。

↓

3 ［まとめ］
また公園に行っていろんなことを見付けたり、遊んだりしたいなぁ。

本時案

公園を楽しもう

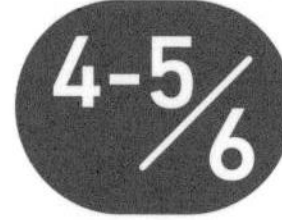

本時の目標

公園で確かめたいことややってみたいことを体験する活動を通して、自然の様子や他の人の存在に気付き、公園を十分に楽しむとともに、公園のよさや働きに目を向けることができる。

資料等の準備

・携帯電話
・緊急連絡先名簿
・デジタルカメラ
・救急セット
・横断旗
・ホイッスル
〈児童〉
・収集用袋
・ポケット図鑑
・虫かご
・虫取り網

深い学びの視点からの授業改善

➡活動の工夫

point 1 前回の探検と比べて、様々な変化に目を向けている子のつぶやきを全体に広げる。そのことで、新たな気付きが生まれ、それらが関連付けられるよう支援をしていく。

point 2 「お気に入りの木」を決めた子から、木と一緒に写真を撮っていく。年間を通して撮影をしていくことで、四季の変化を感じると同時に、木の成長と自分の成長をつなげて考えていくことができる。

point 3 防災倉庫の点検等、作業の日程をあらかじめ確認しておくことで、活動の日程を合わせることができる。そこから、子供たちの主体的な関わりを期待したい。公園に対する捉えがさらに深まり、よさや働きを実感していくことにつながる。

授業の流れ ▷▷▷

1 2回目の公園探検に行く

1回目の振り返りで出されたそれぞれのやってみたいことに沿って活動を進めていけるようにする。2回目の探検となるので、活動により深まりが見られることが予想される。

1回目と同様に交通安全や約束事、マナー等を確認してから公園での活動に入っていく。

2 生き物探しや草花遊びなどを楽しむ

前回できなかったことや気付かなかったことを中心に活動を進めていけるよう支援を行う。また、1回目には決めていなかった「お気に入りの木」が決定した子から順次撮影を行い、木の成長と自分の成長をつなげて考えていけるよう記録を残しておく。

活動：2回目の公園探検をしよう

point 1
➡前回との違いに目を向ける。

point 2
➡毎回、同じ木・同じ場所で撮影する。

point 3
➡作業している方に質問をする。
友達と説明を一緒に聞く。

3 「はてな？」の解決をする

ありがとうございます。
防災倉庫
トイレ
お掃除をしてくれているからいつもきれいなんだ。

前回の探検では分からなかったことが解決できるよう、事前にトイレ掃除や防災倉庫の点検等の日程を確認しておく。公園での作業を見る子供たちから、「何をしているのだろう？」という疑問が沸き、進んで質問する子も出てくる。子供の主体的な関わりを期待したい。

期待する子供の反応

自分がやってみたい、生き物探しや草花遊び、「はてな？」の解決をして公園を楽しむ

1 **[導入]**
また公園に来たよ。うれしいなぁ。たくさん見付けるぞ！

↓

2 **[展開]**
この前とはまた違う発見があるぞ！

↓

3 **[まとめ]**
あの建物の中で何かしている人は、みんなのためにトイレ掃除をしたり防災倉庫の点検をしたりしているんだってわかったよ！

本時案

公園はかせになろう

本時の目標

公園で見付けたこと・心に残ったことなどを紹介し合ったり体験したりする活動を通して、自然の特徴や公園のよさや働きを捉え、様々な人が公園を利用し、支えていることに気付くことができる。

資料等の準備

・公園内マップ
・公園での活動写真（板書用）
・公園での活動写真（プロジェクター掲示用）
・学習カード 1-2-8
〈児童〉
・学習カード 1-2-2～1-2-7
（書き込み済みのもの）
・クイズ
・草花作品
・生き物

深い学びの視点からの授業改善

➡環境構成の工夫

point 1 黒板には、第3時の板書を再現し、その上に2回目の探検の写真（台紙の色を変えたもの）を貼り付ける。さらに各コーナーで体験したことを付箋紙等に書き、マップに加えていくことで、公園の施設や特徴、春の季節の変化などに気付くようにする。違いや変化に気付くことで公共施設の役割を捉えることができるようにする。

point 2 全員の「お気に入りの木」の掲示をすることで、これから続いていく公園での活動のポイントにする。年間を通した木の変化とともに、自分の成長を実感するツールとなってくる。

授業の流れ ▷▷▷

1 紹介コーナーの準備をする

国語や図画工作の時間等を使って作成したカードや作品、クイズ、生き物等を使って紹介コーナーを作る。友達が見やすいようなレイアウトや、分かりやすい話し方の練習等にも目を向け、適切な言葉使いも意識できるよう働きかける。

2 紹介コーナーを交代で回る

各コーナーでは、写真やカードの展示をしたり花の冠作りを教えたり、生き物を紹介したりクイズを出したりと、それぞれが選んだ表現方法で紹介を行う。交代制で紹介コーナーを回ることで、友達のすごさや、自身の達成感を味わえるようにしたい。

環境構成のイメージ　学びが深まるコーナーづくり

point 1

➡1回目の探検後の板書の上に2回目の探検写真等を色を変えて掲示

point 2

➡「お気に入りの木」の写真に、その木を選んだ理由を添えて掲示

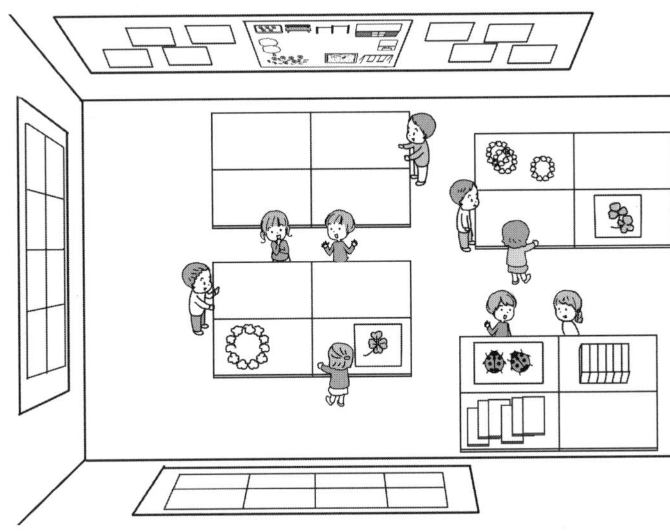

3 コーナーの感想を発表し、活動の振り返りをする

秋にも行ってみたいな
公園はみんなのためのものだね

紹介コーナーの感想を発表し合うことで、活動全体の振り返りとともに、今後の公園での活動につなぐ新たな「はてな？」にもつなげる。また各コーナーで体験したことを黒板のマップにさらに載せていき、友達や自身の気付きが自覚できるように学びを深める。

期待する子供の反応

春の自然や公園のよさや働きを捉え、様々な人が関係していることに気付く。

1 **[導入]**

発見したことや分かったこと、私のお気に入りをみんなに紹介したいな。

2 **[展開]**

花の冠の作り方を教えてもらった。みんなの「お気に入りの木」もいろいろあったね。

3 **[まとめ]**

あの木は、秋にはどうなっているのかな？家の近くの公園はどうなっているだろう？いろんな人が公園を利用したり、支えたりしてくれているんだね。

3 元気にそだてわたしのアサガオ

16時間

【学習指導要領】 内容(7)動植物の飼育・栽培

1時	2・3時	4時	5時	6時	7時	8・9時
第1小単元（導入） アサガオの種に関心をもち、発芽や成長への願いを込めて工夫して種を蒔こうとする。			第2小単元 アサガオの世話をする活動を通して、成長の様子する。アサガオを観察し、アサガオで遊んだり気うとする。			
1．大きくなあれ、ぼくのわたしのアサガオ 2年生からプレゼントされたアサガオの種を観察し、気付きや願いを伝え合う。 **2・3．アサガオの種をまこう** アサガオの種まきの準備や方法を話し合い、自分の考えた方法で種まきをする。 **4．これからのお世話の仕方を考えよう** 種まきしたことや植木鉢の置き場所、これからのアサガオの世話の仕方について話し合う。 ✎種の特徴やアサガオの成長に必要な世話の仕方に気付いている。 ☝アサガオの発芽と、環境との関係を考えている。 ☺アサガオの種や種の成長に興味をもち、早く芽が出てほしいと願いながら種をまこうとしている。			**5．アサガオの芽のひみつを見付けよう** 友達と比較しながらアサガオを観察し、発芽の順序を動作化し、アサガオの気持ちを考える。 **6．お世話を続けよう** 成長が遅い友達のアサガオに必要な世話を話し合い、元気に大きく育てる工夫を考える。 **7．アサガオを助けよう** つるが絡まって困ったことについて話し合い、支柱を立てる。アサガオの気持ちを考えて書く。 **8・9．きれいに咲いてね** アサガオを観察し、茎や葉の変化やつぼみの兆候に気付き、これからどうなるのかを予想する。 ☝アサガオの成長に伴う問題を見付け、アサガオの立場に立った関わり方について考えている。			

本単元について

単元の概要と育成を目指す資質・能力

本単元は、学習指導要領の内容(7)「動植物の飼育・栽培」を基に構成し、内容構成の具体的な視点としては、「キ　身近な自然との触れ合い」「ク　時間と季節」を位置付けている。

本単元においては、身近な生活に関わる見方・考え方を生かして学習活動を展開し、一人一人の資質・能力の育成を目指していく。それは、アサガオの栽培を通してその変化や成長と自分との関わりに目を向け対象を捉え、元気で大きくなり、たくさんの花が咲いてほしいという思いや願いをもって活動することである。本単元では、一人一鉢アサガオを継続的に育てる。アサガオとの出会いや育てる場所、気付きの交流の仕方などを工夫し、子供がアサガオの変化や成長の様子に関心をもつことができるようにする。本単元では日常的な観察や栽培を行う体験活動と、振り返り交流する表現活動を繰り返し行う。子供がアサガオを粘り強く育てることにより、生き物に親しみをもち、命の尊さや不思議さを感じ、大切にしようとする気持ちをもち続けるとともに、最後まで世話を続けた自分のよさにも気付かせたい。

単元の目標

アサガオに継続して関わる活動を通して、アサガオの育つ場所、変化や成長の様子に関心をもち、その成長を願って働きかけることができ、アサガオが自分と同じように生命をもっていることや自分を含む様々な環境の関わりによって成長していることに気付くとともに、生き物への親しみをもち、大切にすることができるようにする。

10時 11時 12時 13時	14時 15時 16時
（展開①） に気付きアサガオの立場に立って働きかけようと付きを友達と伝え合ったりしながら世話を続けよ	**第 3 小単元（終末）** これまでの活動を振り返り、自分とアサガオの成長や育てることの楽しさを伝えようとする。
10．アサガオの花のひみつを見付けよう つぼみと花の特徴に気付き、これからどうなるのかを予想する。 **11．アサガオと遊ぼう** アサガオの咲き終わった花や葉を使って、色水遊びや叩き初めなどをして楽しむ。 **12．種のひみつを見付けよう** 実の中や種のできる過程について調べ、1粒のアサガオから多くの種が取れることが分かる。 **13．アサガオのこれからを考えよう** 枯れてきたアサガオをこれからどうするかを話し合い、これからも大切にしていこうとする。 ✎アサガオが命をもっていることやその大切さに気付いている。	**14．アサガオにお礼をしよう** 自分の決めた方法でアサガオの成長をまとめる。 **15．これまでの活動をまとめよう** 栽培活動を振り返る。自分とアサガオとの関わりや成長、世話を頑張った友達の成長を認め合う。 **16．種をプレゼントしよう** アサガオの種をプレゼントする準備をする。 ✎生き物への親しみが増し、上手に世話ができるようになったことに気付いている。 ☝育ててきた自分とアサガオとの関わりを振り返り、自分なりに工夫して表現している。 ☺アサガオへの感謝の気持ちや、これからも命を大切にしていこうという気持ちをもつ。

【評価規準】✎…知識・技能　☝…思考・判断・表現　☺…主体的に学習に取り組む態度

本単元における主体的・対話的で深い学び

登校した子供がすぐにアサガオを見ることができる場所に植木鉢を置くなど、アサガオの世話が子供の学校生活のリズムに自然に取り入れられるように学習環境を整えたい。朝の会での情報交換を習慣化したり本や掲示物を整えたりするなど、子供の意欲が高まる効果的な方法を考える。また、観察カードは子供の発達の段階を考慮し、白紙で大きく描くことから始め、吹き出しや線、虫眼鏡の枠など多様な表現方法が経験できるようにする。カードを選択できるようにするなど、自己決定の場を設定することも大切にしたい。授業では子供が見付けた疑問や困り感を導入にするなど、子供の思いや願いを大切にし、比較・分類・予測するなどの活動を取り入れる。活動後は感じたり考えたりしたことを伝え合い交流する場や、振り返り認め合う場を設ける。対話を通して、一つ一つの気付きが関連付けられた気付きへと質的に高まることも期待できる。そのためには、アサガオの成長や子供の学習状況や興味・関心を教師が把握し弾力的に単元計画を入れ替えることも重要である。

本時案

大きくなあれ、ぼくのわたしのアサガオ

本時の目標

2年生からアサガオの種をプレゼントされたことに喜びを感じ、どこから芽が出るのか、どんな花が咲くかなど、想像を膨らませながら種を観察する活動を通して、自分のアサガオとして大切に育てていこうとする意欲をもつことができる。

資料等の準備

・２年生から送られたアサガオの種
・観察用の種を入れるカップ（班で１つ）
・クレヨン（オイルパステル）
・学習カード 1–3–1
・教材提示装置　・虫眼鏡
・配付資料 1–3–2
（「アサガオの　けんこう　かんさつぼ」単元を通して適宜使用）

主体的な学びの視点からの授業改善

➡板書の工夫

point 1 アサガオの種を観察して絵をかく活動の後で、気付いたことを発表し合うときには、子供のかいたその絵を黒板に掲示するようにする。大きくクレヨンでかいた絵は見やすく、そのまま掲示でき、比べらながら気付きの交流が容易なだけでなく、子供たちは友達の絵を見ながら表現の方法についても学ぶことができる。

point 2 はじめから教師が「見る」「触る」などの観察の視点を示すのではなく、見付けたことを発表する時に、子供の発言を教師が分類しながら板書する。最後にそれらを囲み、仲間分けをすることで、子供が観察の視点に気付くことができるようにする。

授業の流れ ▷▷▷

1 アサガオの種をプレゼントしてもらう

アサガオの種は２年生から学校探検の後でプレゼントとして一人一人が受け取ったり、朝の会でたくさんの種を透明なガラスのビンに入れて渡してもらったりするなど、「自分のための特別な種」であることや、「大切な種だ」と思える出会いを工夫する。

2 アサガオの種を観察する

初めて観察したことをカードに書く活動なので、思い切り表現させたい。鉛筆にまだ不慣れな子供がクレヨンなどで大きく絵を描くことができるように、B４の画用紙などを準備する。班ごとに机を向き合わせ、見付けたことを話したり聞いたりしながら観察が行われるようにする。

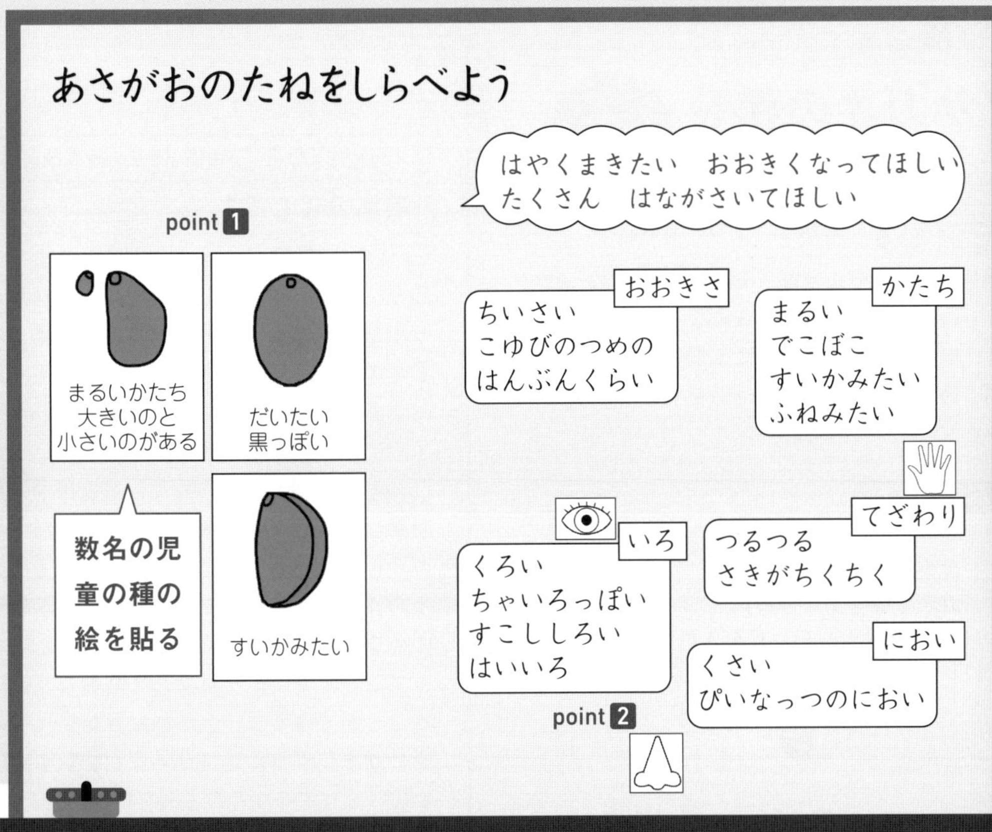

3 気付きや願いを伝え合う

おへそみたいなものがあります
そこから芽が出るのかな

種を観察して気付いたことを伝え合う時間を設定する。教材提示装置がある場合は、それを使って発表し、ない場合は自分の絵を見せながら説明し合うようにする。自分の種と友達の種を比較し、相違点に気付き、最後に種への願いを交流する時間をもつ。

期待する子供の反応

「自分のアサガオの種」という気持ちをもち「大きくなってほしい」という願いをもって関わろうとする。

1 **[導入]**
これは○○さんから僕がもらった特別な種なんだ。大事に育てなくちゃ。

↓

2 **[展開]**
アサガオの種って黒くてスイカみたいな形。かわいいな。引っ込んだ所があるよ。ここから芽がでるのかな。

↓

3 **[まとめ]**
いろいろな形の種があるんだな。ぼくのはどんな花だろう。早く植えたいよ。

本時案

アサガオの種をまこう

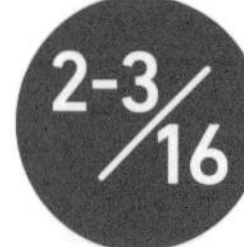

本時の目標

アサガオの種のまき方やそのために必要だと思うものをアサガオの気持ちになって話し合ったり、自分の考えた方法で種まきをしたりする活動を通して、アサガオの世話をすることに意欲をもつことができる。

資料等の準備

・植木鉢
・土・腐葉土・元肥・スコップ
・アサガオの種（1人5粒）
（中に水で湿らせた白い綿を入れておいたままにしておくと種が発芽しやすくなる。）
・水やりの道具（ペットボトルなど）
・学習カード 1-3-3

対話的な学びの視点からの授業改善

➡環境構成の工夫

point 1 子供たちは入学以前に、集まって座り、保育士や友達の話を聞いたり話したりする活動をよく行っている。床に集まるときの目印になる枠を貼り、対話を促す形にすることで、子供が自分の思いを伝えやすく、集中して聞きやすくなる。

point 2 授業中だけでなく、登校後や休憩時間など、様々な時間や場所で子供がアサガオに関われるように学習環境を整える。土の性質を変えて種をまいた鉢や、水栽培の種を準備し、芽の出る様子を比較しやすくする。本や虫めがねなどを常備し、調べることができるコーナーを設けたり、朝の会の健康観察時に見付けたことを話す時間を設けたりするなどの工夫を行う。

授業の流れ ▷▷▷

1 種のまき方について話し合う

種まきに必要だと思われる道具を前の机に準備しておく。子供はそれらを使って、どうやって種をまいたらよいか、自分の考えを発表する。教師は、そのまき方がなぜアサガオにとって必要なのか、アサガオの気持ちになって理由を話すように子供に促す。

2 自分の考えた方法で種をまく

土の感触を確かめながら種をまく。市販のセットを使う場合も、土の量を調整しやすいように予備の土を準備しておく。肥料や土の種類は変えず、種をまく深さや位置、植木鉢を置く場所、土の量などは子供の意思に任せ、後に成長の差を考えるヒントにする。

環境構成のイメージ　アサガオをいつでも観察しやすい学習環境

point 3
➡朝の会などで出たニュースを記録し、掲示する

point 2
➡本や虫めがねを常備し、調べたくなる環境をつくる

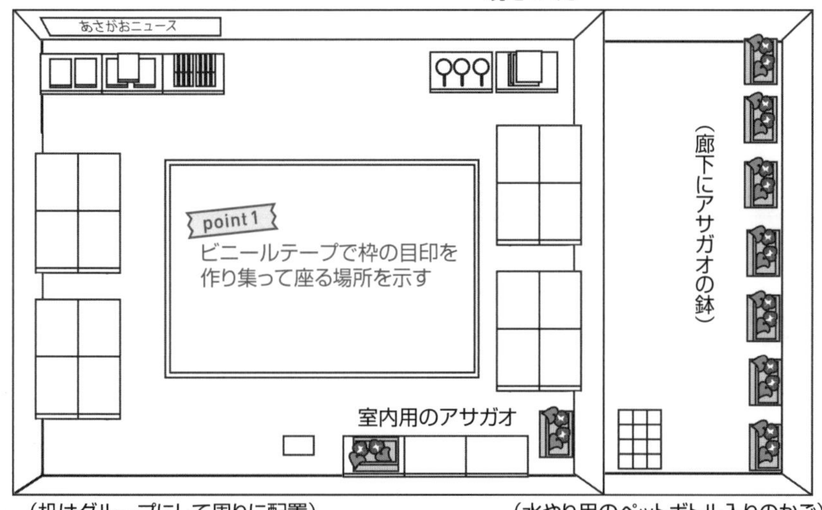
あさがおニュース
point 1
ビニールテープで枠の目印を
作り集って座る場所を示す
室内用のアサガオ
（廊下にアサガオの鉢）

（机はグループにして周りに配置）　（水やり用のペットボトル入りのかご）

3 種をまいたときの様子や気持ちを学習カードに書く

まいた日にちを
かいておこう
水をやったことも
かこう

事前に、種まきと片付けの終わった子供から学習カードを書くことを伝えておく。種をまいたことや、まいたときの様子や気持ちを絵や文や図で記録する。文字の習得に差があるので、教師は子供の要望に応じて、文字を書いて示したり、よい表現を認めたりする。

期待する子供の反応

アサガオが芽を出すために何が必要なのかを考え、成長への願いをもって進んで種まきをしようとする。

1 **［導入］**
どうしたらアサガオさんは早く芽を出してくれるかな。考えなくちゃ。

⬇

2 **［展開］**
○○さんみたいに、土に穴を深く開けて、植木鉢の隅っこに離してまくよ。

⬇

3 **［まとめ］**
どんなふうにまいたのか、いつまいたか、書いておかなくっちゃ。早く芽が出てほしいな。

本時案

これからのお世話の仕方を考えよう

本時の目標

自分の種まきの方法や植木鉢の置き場所などについて、観察カードに書いたことを伝え合う活動を通して、アサガオの気持ちを考えたり、他の人の意見と比べたりしながら考え、アサガオにとって必要な世話をしようとすることができる。

資料等の準備

- 前時に準備した種まきに必要なもの
- 学習カード 1-3-3
  (前時に記入済み)
- 水やりの道具を入れるかごなど
- 学校の校舎の図
- 付箋紙
- 名前を書く太字の黒マジック
  (フェルトペン)

深い学びの視点からの授業改善

➡板書の工夫

point 1 本時では種をどのように蒔いたかを交流する活動が中心である。種を蒔いた位置を説明しやすいように、植木鉢を上から見た図にシールを貼ったり、鉢を置いた場所を地図に付箋紙で示したりすることで、子供が意欲的に説明でき、友達との相違点に気付いたり、自分のやり方をグループ分けして考えたりするなどの活動ができる。

point 2 「これからどうするか」を考える時にはアサガオの気持ちになって考えることができるようにしたい。教師は「どうしてそのお世話がいるのかな」と理由を問い、その子の根拠を確認して、板書を行うようにする。

授業の流れ ▷▷▷

1 自分の種のまき方について伝え合う

可能であれば、種まきをした翌日に本時を行う。自分が種をまいた深さや位置、植木鉢を置いた場所、土の量などについて、子供が前日に書いた学習カードを配布し、伝え合う。自分のまき方を実物を使って説明し、教師はそれを板書で整理する。

2 必要な世話を考える

子供に「これから、アサガオにどんなお世話をしてあげたら喜ぶでしょうか」と、問いかけ、子供がアサガオの気持ちになって考えることができるようにする。水やりの仕方や水やりの時間・回数、植木鉢を置く位置を考えたり、発表したりする時間をもつ。

これからのおせわのしかたをかんがえよう

【たねまきのしかた】

うえきばちのどこ　point 1

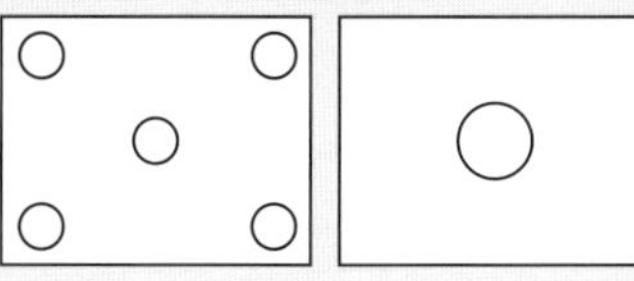

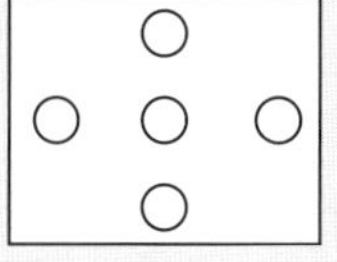

はなしてまく　まんなかに ぜんぶ　十みたいにまく

まいたふかさ

・ひとさしゆびの　おくまで
・ひとさしゆびの　2つめくらいまで

はちをおいたばしょ

・ぶろっくのうえ
・つちのうえ
・こうしゃのなか
・きょうしつのまえのろうか

point 2

これから　どうするか

・みずやりをする
　（あさ・かえり？）
・まいにち　みる
・おはなしする
　おはよう　げんき？
　はやく　めをだしてね
・ひのあたるところへ
　うえきばちをうごかす

校舎の図に、自分の鉢を置いた場所に名前を書いた付箋紙を貼る

3 みんなで決めた世話をする

たっぷりお水をあげよう
まだ芽が出ないな

アサガオに水をやったり、植木鉢の位置を動かしたりする。初めて雨が降ったときに、「水やりをするかしないか」を話し合う場をもつことを通して、水やりの意義を自覚し、植物と水や日光との関係を意識することができる。

期待する子供の反応

自分の行った方法を伝え、これから必要なことについて考え、意欲をもって世話をしようとする。

1 **[導入]**
昨日、まいたアサガオはいつ頃芽が出るのかな。他の人は土どんなふうに種をまいたのかな。

↓

2 **[展開]**
早く芽が出るように、毎日水やりをしたり、話しかけたりするよ。

↓

3 **[まとめ]**
お日さまの光がよく当たるところがいいな。お世話を頑張らなくちゃ。

本時案

アサガオの芽のひみつを見付けよう

本時の目標

芽が出たアサガオを一人で観察したり、友達のアサガオと比較したりする活動を通して、成長の様子や変化の順序に気付き、アサガオの気持ちになってこれからも世話を続けようとすることができる。

資料等の準備

・アサガオの鉢
・鉢の下にしく新聞紙
・虫眼鏡
・学習カード 1-3-4
・吹き出しカード
・教材提示装置（実物投影機）
・モニター

主体的な学びの視点からの授業改善

➡環境構成の工夫

point 1 この授業は、全員のアサガオが発芽した時期を見計らって行う。2人ずつ机を合わせ、鉢を真ん中に置いて観察することで子供たちは2つの鉢を比較し、気付きを交流しやすくなる。

point 2 前の机にいろいろな大きさや色の吹き出しの形のカードをカゴに入れて置いておく。その形から、子供たちはアサガオの気持ちになって、その声を想像し聞こうとする。吹き出しの色や大きさを変えることで、「暑い」「狭いよ」などの短い気付きが表現されたり「ありがとう」などのうれしい気持ちはピンク色に書くなどの工夫がされたりすることが期待できる。

授業の流れ ▷▷▷

1 アサガオの観察をしながら、見付けたことを絵や文で表現する

アサガオの芽が出た様子を観察する。自分のアサガオととなりの人のアサガオを比べたり、虫眼鏡を使ってより詳しく見たりする活動を行う。子供が形や手触りを「○○みたい」と例えたときには、それをみんなの前で発表させたり、教師が紹介したりする。

2 芽が出る順番を考える

アサガオの成長には差が出る。ここではそれを利用しながら、どうやって土から芽を出すのかを予想する。子供は様々な鉢を見ながら順番を考えるだろう。皆の考えがまとまったら、全員でアサガオになって発芽の様子を動作化し、気持ちを考える。

環境構成のイメージ　**想像力をふくらませながら観察するための教室づくり**

3 アサガオの言葉を吹き出しに書く

もっとお水ちょうだいって言ってるよ。

色ケント紙などで作った吹き出しカードを用意しておき、「アサガオさん、今何て言ってると思う？」と声をかける。子供はアサガオに耳をすまし、アサガオの思いを聞き、それをカードに書くであろう。書いたカードは観察カードに貼るとよい。

期待する子供の反応

アサガオの芽が出た様子を喜び、発芽の様子をまとめながら、これからも続けて世話をしようとする。

1 **［導入］**
わたしのアサガオの芽が出たよ。リボンみたいでかわいい葉っぱだな。

2 **［展開］**
最初はこんな形で、次に頭から出て上を向いて葉っぱが開くよ。

⬇

3 **［まとめ］**
ぼくの朝顔はまだ２つ芽が出てない。お寝坊さんだけど、しっかりお世話をするよ。早く芽が出てほしいな。

本時案

お世話を続けよう

本時の目標

本葉が出てつるが伸び始めた頃のアサガオを観察し、本葉の成長が遅い友達のアサガオに必要な世話について話し合う活動を通して、元気に大きく育てる工夫を考え、世話を続けようとすることができる。

資料等の準備

- アサガオの鉢
- 鉢の下にしく新聞紙
- 虫眼鏡
- 学習カード 1-3-5
- 黄緑色の紙テープ（約60cm× 1 人 1 本）
- はさみ
- 糊

深い学びの視点からの授業改善

➡活動の工夫

point 1 本時はアサガオの本葉が出揃い、つるが20cm 程度伸び始めた時期に行う。子供は観察をする中で、つるに気付き、「つるがこれくらいになったよ」と手で長さを表したり、鉛筆で長さを置き換えて示そうとしたりする。「長さを比べるのにいいものがあるよ」と紙テープを見せると、子供はそれを使ってつるの長さを測り取り、友達のアサガオと比べる活動を行うであろう。このとき、どこからどこまでを、どうやって測るのか、友達と一緒に話し合いながら測り取ったり、紙テープを比べたりする算数的な活動が行われる。正確な長さをきちんと出す必要はなく、大まかな長さや比較の概念の基礎となる活動となれば、他教科等との関連を意識した活動となるであろう。

授業の流れ ▷▷▷

1 本葉の増えたアサガオの様子を学習カードに書く

真ん中から長い茎が出たよ。ふわふわで、剣みたいな形

アサガオの本葉やつるの様子を観察し、見付けたことや気付いたことを学習カードに記録する。カードの中に「目・鼻・手・気持ち」などのマークを入れて、観察する観点を示したり、虫眼鏡の絵を入れたりするなど、形式を工夫したい。

2 気が付いたことを発表し、つるの長さを測り取る

気が付いたことを発表し、「種・芽・双葉・本葉・つる」という言葉を教え、それを使って板書しながらアサガオのここまでの成長をまとめる。紙テープを使ってつるの長さを測り取ったり、友達と比べ合ったりする。紙テープは学習カードの裏に糊で貼る。

活動：長さを比べる活動

point 1
➡紙テープを使ってツルの長さを測り取ったり、友達のツルの長さと比較する算数的活動を行う

3 困っていることを相談する

水をやりましたか？
葉っぱがしおれています

大きさが小さく、元気がないなど、子供が気になるアサガオの様子を発表し、どうしたらよいか皆で解決策を話し合う。教師は子供と同じ時期に日陰でアサガオを育てておいたり、違う土で育てたりしたものを用意しておき、比較して考えるヒントにする。

期待する子供の反応

本葉やつるに気付き、友達と相談しながらアサガオの成長を願って世話を続けようとする。

1 **［導入］**
葉っぱの数が増えたな。なんだか真ん中のくきが伸びたよ。

2 **［展開］**
○○さんのつるとぼくのつるはどっちが長いか比べてみよう。

3 **［まとめ］**
○○さんの鉢をもっと日の当たる、ぼくの横へ動かしたらいいよ。一緒に観察しよう。

本時案

アサガオを助けよう

本時の目標

つるが絡まって困ったことを相談し合い、アサガオに必要な世話を考え、支柱を立て、アサガオの気持ちを想像して書く活動を通して自分の行為を振り返ることができる。

資料等の準備

・アサガオの鉢
・鉢の下にしく新聞紙
・虫眼鏡
・学習カード 1-3-5 
（前時記入済み）
・緑色の紙テープ（約50cm×１人１本）
・はさみ
・糊
・支柱用の棒
・学習カード 1-3-6

主体的な学びの視点からの授業改善

➡板書の工夫

point 1 教師はアサガオの成長の様子を定期的に写真に記録しておき、それを板書に活用するようにする。絡まったつるの様子を黒板と並べて実物投影機などで映し、必要に応じて拡大して示すことで、問題点が分かりやすくなり、解決方法の話合いが活発になる。兄弟がいる子から「お兄ちゃんが棒を立てていたよ」など支柱についての言葉が出るなど、子供たちから支柱を立てたらよいという願いが出てから活動することが大切である。

point 2 板書は教師だけでなく子供が説明したり表現したりするためのものでもある。子供が積極的にチョークを持ち、黒板を使って説明する機会をもつとよい。

授業の流れ ▷▷▷

1 つるが絡まって困ったことについて解決策を話し合う

アサガオを教室に持ち込み、前の観察記録と比較しながら気付いたことを伝え合う。つるが絡まる理由を、形状やアサガオの気持ちから考える。教師が支柱を立てることを伝えるのではなく、子供が支柱の必要性を感じてから支柱を立てるようにする。

2 アサガオに支柱を立てる

支柱を立てる前に、つるの長さを前時と異なる色の紙テープで測り取り、成長を確認する。教師は支柱を配り、子供が友達と相談しながら自分の力で支柱を立てるよう、見まわり声をかける。つるを無理に巻き付けたり、巻く方向を伝えたりしなくてもよい。

あさがおを　たすけよう

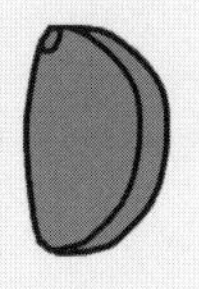
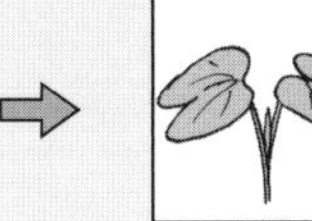

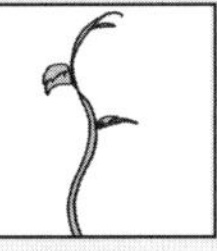

きょうのあさがお

おおきくなってきた
・はがおおきくなった→ふたばがかれた
・せがたかくなった
・つるがのびた→ともだちのとからまった
→さきがちぎれた
・はのかずがふえた

どうしてからまるの
・なかよしだから
・けがはえているから
・したむきにけがはえている
・たおれないようにするため

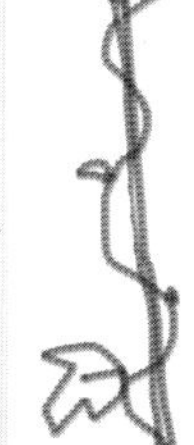

point 1

からまったつるの写真を、実物投影機などで映し、状況を分かりやすくする。

point 2

あさがおをたすけるぼう（しちゅう）をたてよう

子供のイラスト

3 アサガオの気持ちを想像して書く

支柱を立てた後で、教師は子供に「アサガオは今、どんな気持ちだろう」と問いかける。考えやすいように吹き出し入りの学習カードに言葉を書く。これにより、子供は活動を振り返り、アサガオと自分自身の行為を関係付けることができる。

期待する子供の反応

アサガオの成長や変化に気付き、困ったアサガオを助けるために支柱を立てる。自分の行為に充実感がもてる。

1 **［導入］**
アサガオのつるが伸びてきたよ。何かにつかまって伸びたいんだね。

2 **［展開］**
支柱を立てたからこれでもう大丈夫。じょうずに巻き付いてね。

3 **［まとめ］**
支えができたからアサガオが喜んでいるよ。これからもお世話をよろしくって言ってるよ。

本時案

きれいに咲いてね

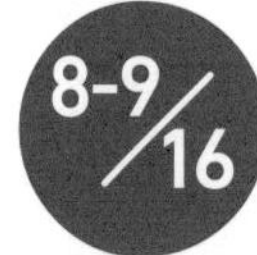

本時の目標

アサガオを大きく描く活動を通して、茎や葉の変化やつぼみの兆候に気付き、これからどうなるのかを予想することができる。

資料等の準備

・アサガオの鉢
・鉢の下にしく新聞紙
・画用紙の下に敷く新聞紙
・虫眼鏡
・クレヨン（オイルパステル）
・四ツ切の画用紙　子供数×2～3程度
・セロハンテープ

対話的な学びの視点からの授業改善

➡環境構成の工夫

point 1 アサガオが成長してくるこの時期に子供に学習カードを渡すと「アサガオが大きくなりすぎて紙に入らない」という状況が生まれる。アサガオを最後まで描きたいという子供の願いを受け止め、本時では大きな紙をつなぎ合わせながら思い切り表現する時間にしたい。机を取り払った教室は友達の活動も見えやすく、対話も生まれやすい。友達の気付きは自分の気付きになり、対話を繰り返しながら子供はアサガオを観察する。発表する場面だけが対話ではなく、観察中の気付きの交流も対話の一つである。子供は表現と活動を繰り返し、友達と対話しながら、アサガオをより詳しく理解することができるであろう。

授業の流れ ▷▷▷

1 アサガオの大きな観察図を画用紙に書く

机を教室の壁際に寄せ、床にアサガオを置き、床で四つ切の画用紙に実物の大きさで、絵を描く。画用紙は子供の絵が大きくなるにつれて、画用紙を継ぎ足していく。アサガオの目線で描いたり、友達と気付きを交流したりすることで、より深い観察が行われる。

2 気が付いたことを話し合う

双葉が黄色くなってきました。
ぼくも先にたくさん毛が生えています

アサガオの観察図を描く時間を十分とった後で、アサガオを廊下に置かせ、気付きの交流や絵の紹介をし合う。子供は自分のかいたアサガオの観察絵を持って気付きを発表したり、友達の気付きを聞いたりする。床に集まって座ることで、話しやすくなるようにする。

環境構成のイメージ　表現活動がしやすい広がりのある場

point 1

➡教室の机を取り払い、つなぎ合わせた大きな画用紙にアサガオの絵をかいていく。
友達同士の状況も把握でき、対話が生まれる。

3 アサガオはこれからどうなっていくのかを考える

この尖ったものはつぼみで、花になると思います
葉っぱじゃないの？

教師は子供の発表を板書し、「つぼみ」「は」「つるのさき」などの子供の考えに対してなぜそう予想したのか理由を問い、今後の変化に期待をしながら観察を続けるように言葉をかける。最後に全員の絵を床に広げ友達の絵を見て回るようにするとよい。

期待する子供の反応

アサガオを大きく描くことで、細かい部分に目を向け、つぼみだと予想してこれからの観察をしようとする。

1 **[導入]**
今日は思い切り大きくアサガオの絵を描けるぞ。うれしいな。

2 **[展開]**
ぼくのアサガオもAさんと同じように、つるの先の葉っぱの間から何か尖ったものが出ているよ。

3 **[まとめ]**
この尖ったものはつぼみかな。観察を続けるよ。つぼみだったらいいな。

本時案

アサガオの花のひみつを見付けよう

本時の目標

粘土でアサガオのつぼみと花を作ってみる活動を通して、アサガオのつぼみや花を詳しく観察し、その面白さや美しさ、これからどうなるか予想したことなど気付いたことや考えたことを伝えようとすることができる。

資料等の準備

・アサガオの鉢（班で１つ）
・鉢の下に敷く新聞紙
・粘土
（子供が個人で持っているもの）
・モール

対話的な学びの視点からの授業改善

➡板書の工夫

point 1 ７時間目に使用したアサガオの変化が分かる写真や「たね」などの言葉カードを使用する。今回は教師が順番に黒板に掲示していくのではなく、子供たちに成長していく順番に並べてもらうようにする。特に小さいつぼみと膨らんだつぼみ、花の順番の並べ方には理由を問う。写真の並べ方を考えることで、つぼみと花の模様の関係に注目することが期待できる。

point 2 第１時で使った観察の視点「見る」「におう」「触る」「ビックリ」「はてな」「思ったこと」などをマークにしておき、観察カードに示しておいたり、板書でまとめるときに使用したりし、多様な観察を促したい。

授業の流れ ▷▷▷

1 粘土でアサガオのつぼみと花を作り、ひみつをさがす

真ん中から何か飛び出しているよ
ラッパみたい

子供は粘土による造形を好むため、はじめに教師が作ったアサガオの粘土を見せることで活動に意欲をもつであろう。粘土でアサガオを作る活動により、花の中の模様やめしべやがくなどの細かい観察が自然に行われる。できた作品は写真で残しておくようにする。

2 見付けたひみつを伝え合う

あさがおのはなびらはとてもうすいです

つぼみと花に絞って見付けたことを伝え合う。その際つぼみの形を「ドリルみたい」など何かに例えることや、花のにおいや手触りなど様々な感覚を使って感じたことを言語化し、形や色、模様などアサガオの美しさや形の不思議さなどに目を向けられるようにしたい。

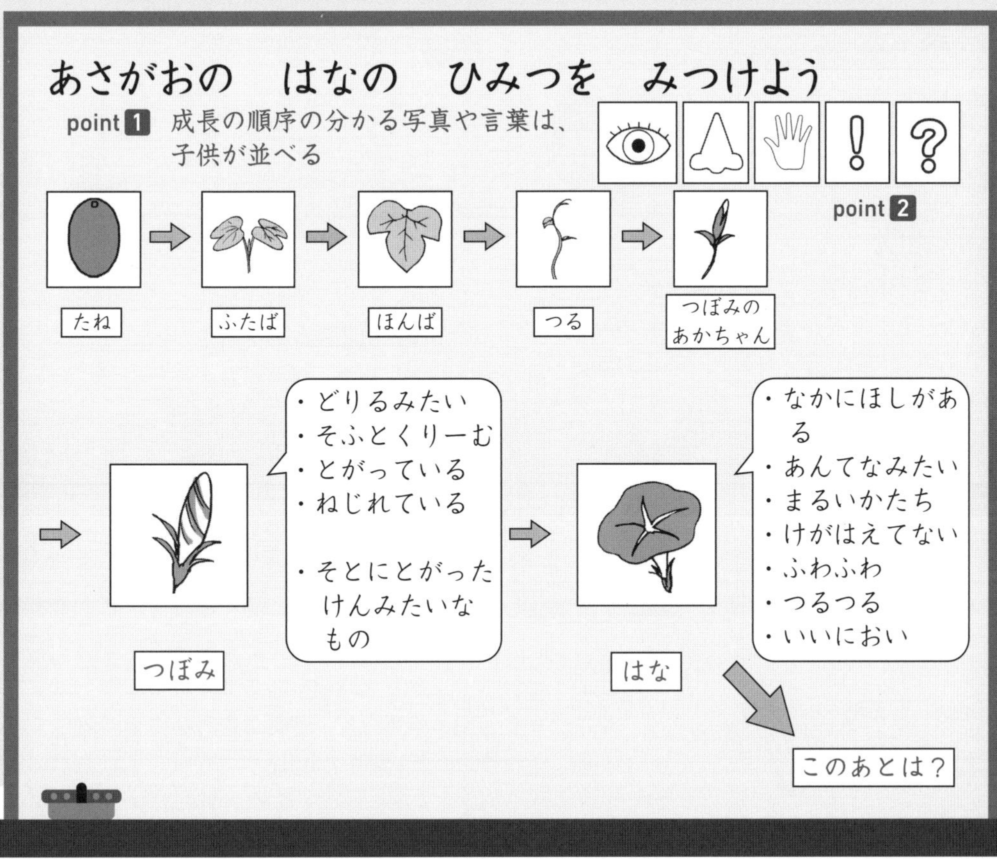

3 この後の成長を予想する

子供の中にはアサガオの花がいったん閉じて、翌日また開くと考える子供がいる。ねじれたような形のつぼみがどのように開き、その後どうなるのか予想させ、アサガオの花柄にモールなどで印をつけておき、花がどのように変化するのかを観察させるとよい。

期待する子供の反応

アサガオのつぼみや花の形の特徴に気付き、もっとたくさん咲いてほしいと成長に期待を寄せている。

1 **[導入]**
アサガオのつぼみは、ソフトクリームみたいな形でおもしろいな。

↓

2 **[展開]**
花びらが薄くてひらひらしてきれい。私のは何色が咲くかな。

↓

3 **[まとめ]**
つぼみの周りに剣のようなものが５本ついているよ。このアサガオは明日もまた咲くのかな？

本時案

アサガオと遊ぼう

本時の目標

アサガオの咲き終わった花や葉を使って、色水遊びやたたきぞめなどをして楽しむ活動を通して、花の色の違いなどに気付くとともに、アサガオへの愛着を深め、これからもアサガオを大切に育てようとすることができる。

資料等の準備

・教師の作った色水の入った透明なコップ
・咲き終わった花がら（教師が育てたもの）
・ポリ袋
・透明なコップ
・わりばし
・画用紙　・和紙　・新聞紙
・筆　・木づち　・レモン汁
・学習カード 1-3-7

主体的な学びの視点からの授業改善

➡環境構成の工夫

point 1　アサガオの花がしぼんで落ちると、子供はそれを教師に見せようとする。汁が出て手に着き、色が出ることにも気付くだろう。保育所などで色水遊びをした経験のある子供もいる。ビニール袋を準備し、自由に使用できるようにしておく。

point 2　アサガオの咲いている花や葉を取ってたたき染めをするなど、全員に同じ活動を勧めることは避けるようにしたい。アサガオの花や葉を取って活動することに抵抗がある子もいるからである。子供の気持ちを尊重し、思い付いた活動を選択できるように、教師は様々な物を準備しておきたい。

授業の流れ ▷▷▷

1 アサガオの花がらを使ってやりたいことを話し合う

幼稚園で色水遊びをしたよ
花がらを拾ったら手に色の汁が付いた

落ちた花がらで手に色が付いたことや、色水遊びをした経験を話してもらい、教師が事前に作った、色の違うアサガオの色水やそれを使って描いた絵を見せる。「やってみたい」という子供の思いを大切に、多種類の道具を揃えておき、活動への意欲を高めたい。

2 自分のやりたいことを選んでアサガオで遊ぶ

ピンクのスタンプだね
青い花だから青い色水になるね

机を合わせて活動がしやすいコーナーを作る。水を使うこともあるので理科室などの特別教室で活動することも考えられる。教師は事前に畑などでアサガオを栽培し、咲き終わった花がらを準備しておき、それらが使えることを子供に伝えておく。

環境構成のイメージ　多様な活動を実現するスペースづくり

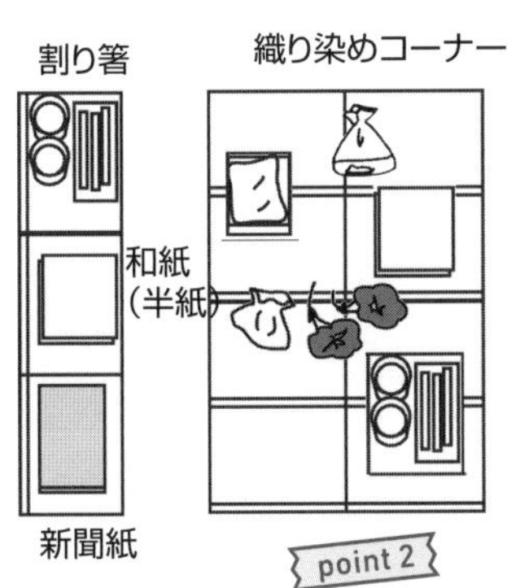

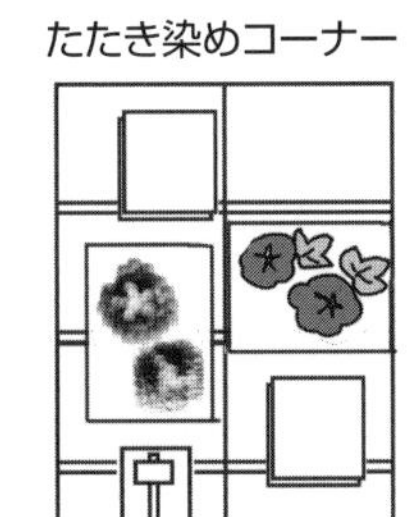

point 2
子供たちが主体的に活動ができるよう、様々な物を準備しておく

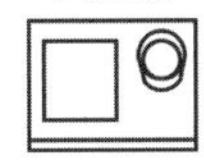

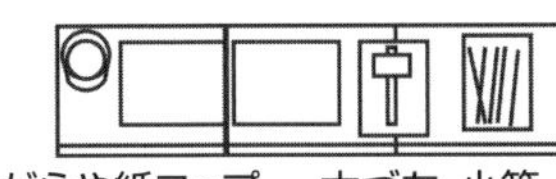

3 活動したことや気が付いたことを発表し合う

水を少なくしたら濃い色になったよ

できた色水を比べてその色の濃さや違いを確かめたり、描いた絵を見せ合ったりする。

レモン汁を準備しておき、作った色水に混ぜて色が変化する面白さを演出するのもよい。子供は色水づくりの面白さを感じることで、次の花が咲くのを楽しみにするようになる。

期待する子供の反応

花を使った活動を楽しみ、アサガオへの愛着を深め、これからもアサガオを大切に育てようとする。

1 **[導入]**
アサガオのしぼんだ花からきれいな色水が作れるんだ。やってみたいな。

↓

2 **[展開]**
楽しいな。もっと作りたい。どうして○○ちゃんのと、色が違うのかな。

↓

3 **[まとめ]**
ぼくのアサガオが咲き終わったらまた色水遊びをしたいな。花が咲くのもしぼむのも楽しみだな。

本時案

種のひみつを見付けよう

本時の目標

実や種を観察し、種のできる過程や種の中について予測しながら調べる活動を通して、1粒のアサガオからたくさんの種が取れることに気付くことができる。

資料等の準備

・学習カード 1-3-8
・虫眼鏡
・自分のアサガオの鉢
・鉢の下に敷く新聞紙
・種を入れるカップ
・名前を書くシール
・カップを並べるかご

深い学びの視点からの授業改善

➡活動の工夫

point 1 毎朝アサガオの観察や世話を続けている子供にとって、種ができることは大変な喜びである。種を取るためには、取ることのできる種とそうでない種を見分ける必要がある。種を取った子供の経験談を聞き、全員で実を観察する時間を設ける。

その時、アサガオの実を目で確認したり、触って確認したりする活動を十分に行う。

point 2 教師用の実を活用し、緑色の実と茶色の実の違いを比較する。子供はガクの形や向き、毛の有無、緑色の実の中にある種の違いなどに気付くであろう。その後で「なぜそのような違いがあるのか」を考えさせることで、植物の種を残すための知恵や工夫、命の循環について、1年生なりに考え、感じることができる機会をもちたい。

授業の流れ ▷▷▷

1 実と種を観察する

種を取った子供の話を聞き、種が取れる実とそうでない実を見分ける活動をする。緑色の実にも大きさの違いがあり、次第に茶色になっていくということを1つのアサガオの中で見付けてほしい。触ることで緑と茶色の実の硬さや毛の生え方の違いなどに注目させる。

2 種の特徴を見分けながら、種を取る

実が付いている軸をはさみで切り取り観察をすることで、種の周りの皮や中心にある仕切りなどにも気付くことができる。緑色の実と茶色の実の形を比べることで、植物の種を育て守る工夫や、種を残す工夫などを感じる時間も大切にしたい。

活動：実の観察をし、取れる種を採取する

point 2
➡緑色の実、茶色の実、種のとれた後などを比較して、しっかり観察する

3 学習カードに記録し、取った種を保管する

取った種はビニール袋などに密閉すると、カビが生えたり、芽を出したりすることから生きていることに気付く子供もいるだろう。透明なカップなどに入れて集めるようにすると、袋に入れるよりも子供の手間が少なく、他の子供の種と形や色を比べやすい。

期待する子供の反応

アサガオに種ができたことを喜び、取れた種を大切にしようとする。

1 **[導入]**
アサガオの花の咲いた後に実ができたよ。緑はまだ固いけど茶色は触るとパリパリしていて割れるよ。

⬇

2 **[展開]**
茶色い実を割ったら種が出てきたよ。緑の実の中にも種の赤ちゃんがあるね。

⬇

3 **[まとめ]**
たくさん種が取れるといいな。種の貯金箱に入れておこう。この種を植えるとまた、アサガオの芽が出るかな。

本時案

アサガオのこれからを考えよう

本時の目標

枯れてきたアサガオをこれからどうするかを考える活動を通して、アサガオの一生を考え、これからもアサガオを大切にしていこうとすることができる。

資料等の準備

・アサガオ
・リースの見本
・水の入ったバケツ
・プラスチック製の丸型の植木鉢
・園芸用の針金
・名前を書いたシール
・ビニールシート

主体的な学びの視点からの授業改善

➡板書の工夫

point 1 本時はアサガオの花が咲かなくなり、種を取る活動も終わりかけ、時間が経った頃に行う。たくさん花が咲いていた頃の写真と茶色く枯れて来た今の様子の写真を板書で示し、比較しながらこの後のアサガオの変化を予想し、これからどうするかを話し合う。

point 2 これからどうするかについての子供の意見はまとめながら板書し、それを最後に見直して、自分がしようと思う活動を選ぶ。リースを紹介しても、リース作りを無理強いするのではなく、教師のアサガオを使うことも含め、子供の意思を尊重するように配慮したい。

授業の流れ ▷▷▷

1 アサガオをこれからどうするか話し合う

アサガオが茶色くなってしまった人がいますね。これからどうしたらいいでしょう

今日のアサガオの様子を発表してもらい、これから先アサガオをどうするかを話し合う。これまで世話をしてきたアサガオと別れたくないと思う子供の気持ちを尊重し、抜かずに観察を続けたい子供にはそのまま無理強いをしないようにする。

2 アサガオの支柱を取り、アサガオを鉢から抜く

力を入れないと抜けないよ
ひげみたい

アサガオを抜くことを決めた子供には、危険防止のため、先に支柱を取ってからアサガオを抜くよう指導する。茎をはさみで切り、根と別々に抜いてもよい。その際、根を水洗いしてその様子を見せ、アサガオが土の中で根を張っていたことに気付くようにする。

アサガオを　これからどうするか　かんがえよう

いままでの　あさがお　　きょうの　あさがお

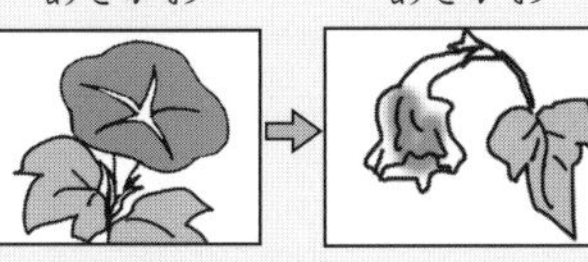

？

前の様子と今の様子を大きな写真で比較し、これから先の様子を考えやすくする

きょうのあさがお

- はっぱがちゃいろくなった
- はながさかなくなった
- たねもできなくなった
- くきがちゃいろくなった
- はっぱがおちてしまった
- ふゆになるじゅんびをしている

これから　どうするか

- ぬくのはかわいそう
- このままかんさつする
- かれたので　ぬく
- しゃしんにとっておく
- きねんになるものをつくる
  てがみ・うた・りーす
- へやにかざっておく

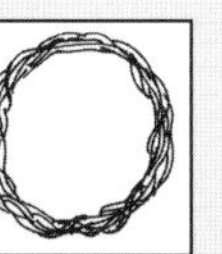

リース

ずっと
かざれる！

子供から出た考えを板書し後で選択できるようにする

3 抜いたアサガオのつるを輪に形作り、日陰で保管する

リースにする場合は丸い植木鉢をひっくり返したものを準備し、そこに巻き付けていくと子供でも輪の形を作りやすい。輪にしたものは園芸用の緑の針金でところどころ止め、名前を書いたシールを針金に貼っておき、しばらく乾燥させておくとよい。

期待する子供の反応

これからどうするかアイディアを出し合い、大切にしていくための方法を自分なりに考えようとする。

1 **[導入]**
大切に育てたアサガオと別れたくないな。残す方法はないかな。

2 **[展開]**
ぼくは、アサガオの本を作るよ。いつまでも気持ちはいっしょだよ。

3 **[まとめ]**
つるを伸ばすとこんなに長かったんだね。アサガオさん、頑張って大きくなってくれてありがとう。

本時案

アサガオにお礼をしよう

本時の目標

これまで自分を楽しませてくれたアサガオに、自分の考えた方法でアサガオの記念になる物を作る活動を通して、これまでの活動を思い起こしたり、作った物を大切にしたりしようとすることができる。

資料等の準備

・リースの見本
・リースの作り方の順序を書いた紙
・アサガオのつる
・飾りになるもの
・ホットボンドと専用のり、軍手
（※ホットボンドを使用するときは軍手を忘れない）
・色紙　・画用紙　・色画用紙
・リボン　など
・ラミネーター

主体的な学びの視点からの授業改善

➡環境構成の工夫

point 1　子供の願いに応じた多様な活動になるため、図工室や生活科室・理科室などの特別教室で安全面に配慮しながら作業できるようにする。材料置き場と制作の場を分け、活動しやすく友達と相談しながら工夫できる環境を整える。事前に通信などで家庭と連携を取り、必要な材料を家から持ってきてもよいことを伝えておく。教師は作品の出来上がりだけでなく、制作過程の工夫や努力を評価していく。

point 2　アサガオの枯れる頃、秋の自然と関わる活動を行っていることが多い。集めたドングリなどを飾りに使うことで学習のつながりも感じられ、作った物を大切に思う気持ちもさらに高まるであろう。

授業の流れ

1　活動の場所や、内容を確認する

教師はリースやしおりを作る順序を書いた紙を準備したり、材料をかごに分けておいたりすることで、説明の時間を短縮し子供が自主的に活動できる時間を十分とれるよう支援する。整理整頓を心がけることや、安全面で気を付けることなどを確認しておく。

2　制作活動を行う

自分の考えた物を作る活動を行う。教師はホットボンドによるやけどやはさみや針金の使用によるケガに十分気を付ける（※教師だけが使用すると決めてもよい）。また、作品のできばえだけでなく、その子なりの表現のよさを認め励ますことを大切にしたい。

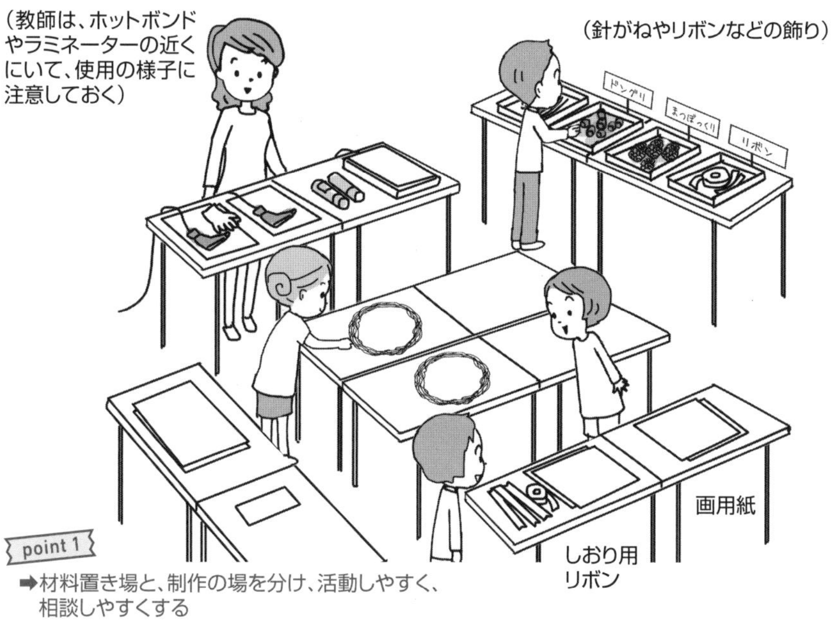

3 できた物を見せ合う

このアサガオのしおり、色がきれいね
このリースの松ぼっくりの飾りがいいよ

　できあがった作品を見合う時間をもつ。全員の作品を発表する時間をとることは難しいので、机の上に置いた物を見て周る。リースのでき上がった作品はビニール袋の中に入れて飾るようにすると中の飾りが外れてもなくなりにくい。

期待する子供の反応

アサガオの記念になる物を作り、それを紹介し、大切にしようとしている。

1 **［導入］**
ぼくはアサガオのリースを作りたいな。きれいに飾りたいな。

⬇

2 **［展開］**
どこにかざりを付けるときれいになるかな。傾かないように左右同じ物を付けよう。

⬇

3 **［まとめ］**
きれいなリースができたよ。クリスマスに玄関に飾りたいな。アサガオも喜んでいるかな。大事にするよ。

本時案

これまでの活動をまとめよう

本時の目標

アサガオの記録をまとめる活動を通して、アサガオと自分との関わりや、世話を頑張った自分や友達の成長を認め合い、アサガオへの感謝の気持ちや、育てることの楽しさや難しさを伝えようとすることができる。

資料等の準備

・これまでの学習カード
・穴あけパンチ
・とじひも（リボンなど）
・大きなアサガオの写真
・子供たちとアサガオの活動の記録写真

対話的な学びの視点からの授業改善

➡板書の工夫

point 1 本時はこれまでのアサガオと自分の成長を振り返る時間になる。アサガオの世話をしている子供の様子を記録した写真を示し、長期間の栽培活動を思い起こすことができるようにする。自分や友達の写っている写真を見ることでそのときの様子が思い返され、子供たちの会話も活発になるであろう。

point 2 黒板を見ながら全体で振り返るときに「アサガオの成長」と「自分の成長」に気付きやすくするために、アサガオの栽培活動の写真と「みんな」のできたこと、頑張ったことを並行して板書する。

point 3 最後にハートで「大きくなった」自分とアサガオの図でまとめる。

授業の流れ ▷▷▷

1 アサガオについての記録用紙をまとめる

これまでの記録を４月から順番に並べていき、綴じて本のようにする活動を行う。記録の中には、花の数を記録した用紙や、作文などがあれば、それも綴じていく。あえて表紙はつけずに綴じて、子供から「表紙を書きたい」という気持ちをもたせる。

2 まとめた記録用紙を見返して、気が付いたことを話す

班机にしておき、気付いたことを話し合う。小グループでの話合いにより、自分の４月ごろの拙い観察記録のことも伝えやすくなり、友達も同じだったことに安心できる。

お互いの記録を見ながら比較し、アサガオの成長の違いに気付くこともできる。

これまでの　がくしゅうを　まとめよう

アサガオ　point 1

たねまき ふたば・本ば → つるがのびた しちゅうたて → つぼみ はながさいた → みができた たねができた → かれた　小さい花 リースをつくった

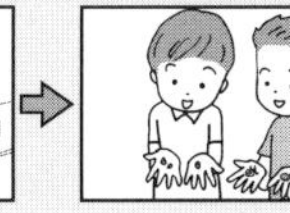

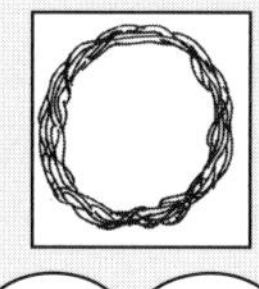

point 3

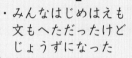

大きくなった
あさがお　じぶん

point 2

みんな　できたこと、がんばったこと

- 水やりをがんばった
- まびきをした
- まい日、アサガオとおはなしした
- からまったけどしちゅうをたてた

→

- なつやすみもがんばっておせわをした
- 大きくなってうれしかった
- たねが 300 こできた
- のびるのがすごかった
- けんこうかんさつをした

→

- みんなはじめはえも文もへただったけどじょうずになった
- たのしかった
- アサガオも大きくなった

3　全体で振り返りを行う

次の１年生にも送りたいです
１つの種から 300 個の種ができた

全体で気付きを交流する。これまでの記録を見直したり、他の子供の記録と比較することで、アサガオの成長や個体差に気付くと同時に、じょうずに絵や文章で記録ができるようになった自分の成長や友達の頑張りにも気付くことができる。

期待する子供の反応

これまでアサガオを育ててきたことについて想起し、自分とアサガオの成長を感じることができる。

1 **[導入]**
４月からアサガオを育ててきて、いろいろなことがあったな。

2 **[展開]**
○○さんよりたくさん花が咲いたし、種もたくさんできた。

3 **[まとめ]**
１年間、水やりや観察をがんばったな。アサガオさんもたくさん種ができたよ。

本時案

種をプレゼントしよう

本時の目標

アサガオの種をどうするかを話し合い、プレゼントの準備をする活動を通して、アサガオの一生を振り返り、自分のアサガオへの思いを手紙に表現しようとすることができる。

資料等の準備

・アサガオの種袋
・これまでのアサガオの成長写真
・これまでの学習カード
・アサガオの種
・手紙の用紙

深い学びの視点からの授業改善

➡板書の工夫

point 1 本時は採れたアサガオの種を、自分があげたい人にプレゼントするための準備をする活動である。誰に渡すかを決めて、自分の名札カードを貼ることで、相手意識をもつことができる。

point 2 種に添える手紙を書くために、子供はアサガオの世話の仕方で自分が困ったことを思い返し、相手に気を付けてほしいことや、アサガオへの思いや願いを伝えようとすることが期待できる。これまでの学習が想起できるように、アサガオの成長が分かる写真とを並行して黒板に貼る。書いた手紙を読みながら、黒板の写真を示し自分たちが頑張ったことを振り返る。

授業の流れ ▷▷▷

1 アサガオの種をプレゼントする人を考える

新１年生、幼稚園・保育所の先生、地域の方、学校の先生、６年生など、アサガオの種をプレゼントしたい人を出し合う。そのとき、なぜその人にあげたいのか、理由を問うことで子供のアサガオへの思いや相手への願いを自覚することを促せる。

2 種にそえる手紙の言葉を考える

これまでの学習カードや写真などを見ながら自分とアサガオの関わりを思い出し、種に沿える手紙の内容を考えやすくする。渡す相手に分かるようにひらがなを使ったり、絵を入れたりするなどの工夫についても気付けるようにしたい。教師は子供の思いが伝わるように個別に支援をする。

たねを　プレゼントしよう

だれに

・しん1ねんせい

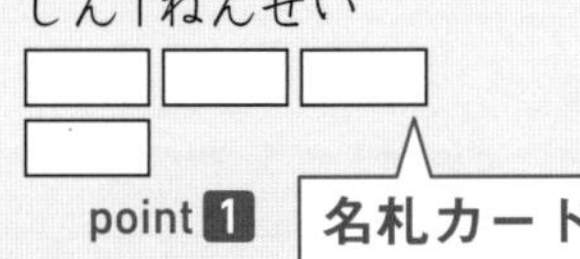

point 1 名札カードを貼る

・6ねんせい

・おうちのひと

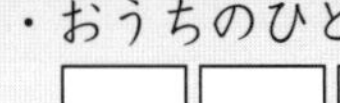

・がっこうのせんせい

・ちいきのひと

つたえたいこと → てがみに

・たねのまきかた　・きをつけること
・きれいにさかせてね　・だいじにそだててね

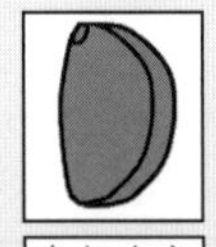
たねまき

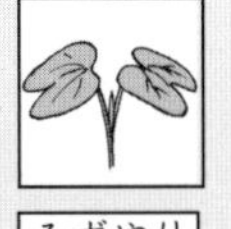
みずやり

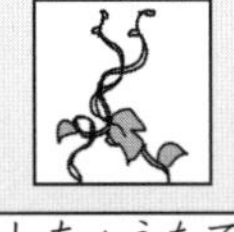
しちゅうたて

たねとり

point 2 アサガオの成長写真（上段）と子供たちの活動写真（下段）を並行して掲示する

3 手紙を書き、プレゼントを完成させる

台風のときには
校舎の中に避難
させてください

　完成したプレゼントと手紙を発表する。教師は、黒板掲示を指しながら「このときのことをアドバイスしたんだね」などと評価しながら、大変だった毎日の世話やそれを頑張った自分自身に気付けるようにしたい。プレゼントは集めて乾燥した場所に保管しておく。

期待する子供の反応

育ててきたアサガオとの関わりを振り返り、種への思いを自分なりの方法で表現している。

1 **[導入]**
ぼくたちのまいた種を次の 1 年生にプレゼントしたいな。

↓

2 **[展開]**
どんなメッセージを書こうかな。水やりの回数のことを書いておこう。

↓

3 **[まとめ]**
アサガオを育てて楽しかったな。来年の 1 年生も大事にアサガオを育ててほしい。次は鉢に何を植えようかな。

4 なつとあそぼう

8時間

【学習指導要領】 内容(5)季節の変化と生活／(6)自然や物を使った遊び

1・2時	3時	4時	5時
第1小単元（導入） 春にも行った公園に行き、夏を見付けたり遊んだりしながら、自然の変化に気付く。	**第2小単元（展開①）** シャボン玉遊びに関心をもち、自分なりに工夫してシャボン玉遊びを楽しもうとする。		
1・2．夏の公園で遊ぼう 春にも行った公園に行き、夏を探したり、遊んだりする。学校に戻り、夏の公園の様子を振り返る。夏にどんな遊びをしたいか考える。 ☝春にも行った公園に行き、春の時の様子と比べながら夏の特徴を見付けている。	**3．シャボン玉で遊ぼう** ストローを使って、シャボン玉で遊ぶ。	**4．たくさんのシャボン玉を作ろう** たくさんのシャボン玉が作れるように、材料や形を工夫して作り、たくさん試す。	**5．大きなシャボン玉を作ろう** 大きなシャボン玉が作れるように、材料や形を工夫して作り、たくさん試す。 ✏材料や形を工夫することで、様々な大きさのシャボン玉ができることに気付いている。 ☺自分なりに形や材料を工夫したり、友達と相談したりしながら、シャボン玉作りに取り組もうとしている。

本単元について

単元の概要と育成を目指す資質・能力

本単元は、学習指導要領の内容(5)「季節の変化と生活」、内容(6)「自然や物を使った遊び」を基に単元を構成し、内容構成の具体的な視点としては、「キ　身近な自然との触れ合い」「ク　時間と季節」「ケ　遊びの工夫」を位置付けて単元を構成している。

本単元においては、身近な生活に関わる見方・考え方を生かして学習活動を展開し、一人一人の資質・能力の育成を目指していく。それは、身近な自然や遊びに目を向け対象を捉え、これからも自然と関わりたい、遊びを工夫してもっと楽しみたいという思いや願いをもって活動することである。

シャボン玉遊びでは、シャボン玉を作ってみよう、たくさんのシャボン玉や大きなシャボン玉を作ろうと提示し、どのようにするとそれらができるのかを、皆で確認する。その後、自分が作りたいシャボン玉を前時までの知識を基に試行錯誤しながら作っていく。

シャボン玉遊びの後、水鉄砲遊びや砂遊びを行い、水と遊ぶと楽しいという思いがもてるようにし、夏休みへと意識が向くようにする。

単元の目標

公園などの身近な自然と触れ合ったり季節の遊びを楽しんだりする活動を通して、季節の変化や、遊びを工夫する面白さに気付くとともに、友達と夏を楽しく過ごすことができるようにする。

6時	7時	8時
第3小単元（展開②） 何度も試したり工夫したりしながら、自分が作りたいシャボン玉を作ったり、水鉄砲遊びや砂遊びを夢中になって楽しんだりしている。		**第4小単元（終末）** 初めての夏休みの見通しをもち、夏休みを楽しみにしている。
6．自分が作りたいシャボン玉を作ろう 材料や形などを工夫して自分が作りたいシャボン玉を作ったり、遊びを考えたりする。 **7．水鉄砲遊びや砂遊びを楽しもう** 水鉄砲遊びや砂遊びをし、夏には楽しい遊びがたくさんあることを知る。 ✎夏の遊びから、夏には、夏に相応しい楽しい遊びがたくさんあることに気付いている。 ☝材料や形などに応じて作りたいシャボン玉を作ったり、新しい遊びを創ったりしている。		**8．楽しみだね、夏休み！** 「楽しみだね、夏休みカルタ」を通して、楽しい夏休みへの期待をもつ。 ☺これから迎える夏休みの見通しをもち、安全に楽しく夏休みを過ごそうとしている。

【評価規準】✎…知識・技能　☝…思考・判断・表現　☺…主体的に学習に取り組む態度

本単元における主体的・対話的で深い学び

本単元では、子供と教師が対話しながら板書したり、シャボン玉つくりでは、遊びながら友達に相談したり、うまく作るコツを聞いたりするなど、1年生の子供が自然な流れで対話ができるように単元を構成した。

第1小単元では、公園で友達と対話しながら夏を見付け、自分がしたい遊びをする。振り返り場面では、その気付きを皆で確認し、教師がYチャートに分類しながら板書していく。

第2小単元では、活動中に教師がどんどん問いを投げかけ、どうするとシャボン玉が作れるのか、言語化する。

第3小単元では、主体的なシャボン玉作りを通して、友達に作り方を聞いたり、作ったシャボン玉を使って遊びを提案したりする姿を認めていく。水鉄砲遊びでは、友達の水鉄砲と比べたり試したり問いかけたりして、穴の大きさやあける場所に着目できるようにしていく。

第4小単元では、今までの経験を話合いながら夏休みへの期待を膨らませていく。

これらの活動を通して、自然に親しみ、みんなと試行錯誤しながら遊ぶ楽しさを感じてほしい。

本時案

夏の公園で遊ぼう

本時の目標

春にも行った公園にもう一度行く活動を通して、春の様子と比べながら夏を見付けたり、公園で遊んだりし、自然の様子や季節の変化に気付くことができる。

資料等の準備

・携帯電話
・デジタルカメラ
・学級旗（目印になるもの）
・簡易救急医療セット

対話的な学びの視点からの授業改善

➡板書の工夫

point 1 春と夏の様子を比較しやすくするために写真を掲示する。撮影のポイントは、春の様子の写真と同じ場所の写真を撮るようにしておく。また、暑そうな様子など夏ならではの写真も撮っておく。

point 2 席が隣の友達に、自分が見付けた夏を伝え合う。教師はその話を聞きながら、「春のときはどうだった？」などと問いかけ、春の公園の様子と比較していく。全体での振り返り場面では、見付けた夏を教師がＹチャートで分類しながら板書していく。子供と一緒に対話しながら分類していく。

授業の流れ ▷▷▷

1 めあて、行く場所や安全、春の公園の様子について確認する

教室で、めあてと活動の流れを知り、本時の活動の見通しをもつ。次に、安全に出かけるために、道の歩き方、横断歩道の渡り方、まちにいる人への配慮などを確認する。そして、春の公園の様子を、写真を掲示しながら思い出す。

2 夏の公園に行き、夏を見付けたり、遊んだりする

虫探しや遊具での遊びなど、子供が思い思いに公園で過ごせるようにする。夏を見付けている子供を大いに称賛し、その見付けた夏を周りに紹介する。子供の活動を確認しながら、「春のときはどうだった？」と、春と夏を比較できるように問いかけていく。

こうえんでなつをみつけたりあそんだりしよう

みとおし

①はるのようすをおもいだす
②○○こうえんにいく
③まなびあい
④まとめ

point 1

はる

なつ

まなびあい

point 2

しぜん

さくらが　さいていない
きに、はっぱがたくさん
むしが、いっぱい

あそび

おにごっこ
↓
あせがたくさんでた
ゆうぐ
↓
さわると、あつい
むしさがし

ひとのようす

はんそで
はんズボン
ぼうし
おはなみをしている
ひとがいない
あせをふいている

まとめ

・なつは、むしやはっぱがたくさんある
・なつには、はるとちがうたのしさがある

またいきたい！
なつのあそびをしたい！

3 教室に戻り、今日の活動を振り返る

ダンゴムシやアゲハチョウがたくさんいました

隣の友達と見付けた夏を伝え合う。全体での振り返り場面では、写真を掲示したり、問いかけたりしながら、見付けた夏を分類し、季節の変化に気付けるようにする。まとめの後に、これからどんな遊びをしたいか考えておくように伝える。

期待する子供の反応

公園に行き、春の様子と比べながら夏を見付けることで、季節の変化に気付いている。

1 [導入]

○○公園、楽しみだな。前は桜の花が咲いていたな。

⬇

2 [展開]

桜の花が咲いていないな。あっ、アゲハチョウだ。みんなとの鬼ごっこは楽しいな。

⬇

3 [まとめ]

鬼ごっこでたくさん汗をかきました。とても暑くなりました。

本時案

シャボン玉で遊ぼう

本時の目標

ストローを使ってシャボン玉を作る活動を通して、シャボン玉遊びに興味をもち、シャボン玉遊びを楽しむことができる。

資料等の準備

・シャボン玉液
（水、食器洗い用洗剤、洗濯のり）
・ストロー
・はさみ
・学習カード 1-4-1
・デジタルカメラ
・体育着

主体的な学びの視点からの授業改善

➡活動の工夫

point 1 帰りの会を利用して、まずシャボン玉遊びをすることに決める。シャボン玉遊びを行うことを確認する。今日は全員ストローを使うことを伝え、ストローに切り込みを入れる。はさみの扱い方、いくつかのストローの切り込み方を紹介した後、校庭へ移動する。

point 2 自分のストローを使って、シャボン玉を作って遊ぶ。様々な切り込み方を試すことができるように、校庭にストローとハサミを用意しておく。

point 3 教室に戻り、落ち着いた環境の中で、振り返りを行う。次時の活動を予告し、どうすればできるのか見通しをもてるようにする。

授業の流れ ▷▷▷

1 教室で本時のめあてを確認し、ストローに切り込みを入れる

長く切りました！
どんなストローにしたか教えて

めあてと見通しを確認した後、ストローに自由に切り込みを入れる。そのままのストローでも可とする。みんなのストローを全体に紹介し、どのようなシャボン玉ができるのか予想する。液を飲まないこと、液のついた手で目をこすらないことなどを確認する。

2 校庭で、思い思いにシャボン玉を作って遊ぶ

短い切り込みだとどうなるかな？

シャボン玉液は、大きな桶3個に入れておき、桶の周りで子供が自然に交流できるようにする。また、新しいストローに違う切り込みを入れてシャボン玉をつくることができる環境を整えておく。

point 1 ➡様々な切り込み方を試すことで意欲を育む。ハサミの使い方を最初に確認

point 2
➡切り込みがうまくいかない子供には友達のストローを見せて、切り込みの長さをそろえることに気付かせたり、教師が隣で切ってみせたりする

3 教室に戻り、今日の活動を振り返り、次時の見通しをもつ

穴がたくさんあればシャボン玉もたくさん出るので、ストローをたくさんくっつけるといいと思います。

学習カードに書いてから発表する。切り込み方で大きさが変わることや吹く息の強さなども確認する。次時は、たくさんのシャボン玉を作ることを予告し、どのようにすればできるのか問いかけ、教科書も参考にしながら材料を用意できる人はしておくように伝える。

期待する子供の反応

シャボン玉遊びに夢中になって取り組んでいる。

1 [導入]
ストローの切り込みは短くしてみよう。早く、作りたいな。

2 [展開]
今度は、切り込みを長くしてみよう。こっちの方が大きなシャボン玉になったぞ。

⬇

3 [まとめ]
いろんなシャボン玉が作れるんだな。今度はたくさん作るから、穴がたくさんあれば、きっと作れるぞ。

本時案

たくさんのシャボン玉を作ろう

本時の目標

たくさんのシャボン玉を作る活動を通して、材料や形を工夫したり、友達と相談したりしながら、どうすればたくさんのシャボン玉を作ることができるのかに気付くことができる。

資料等の準備

・シャボン玉液
・材料（ストロー、段ボール、牛乳パック、様々な大きさの厚紙、ペットボトル、毛糸、モール）
・ゴミ袋
・セロハンテープ
・デジタルカメラ
・学習カード 1-4-1
・体育着

主体的な学びの視点からの授業改善

➡環境構成の工夫

point 1 材料が事前に用意できなかった子供も工夫することができるように、様々な身近な材料を用意し、どのような材料があるのかが分かるように朝礼台の上などに置いておく。

point 2 自分で材料を用意してきた子供も、朝礼台の近くに自分が持ってきた材料を置く。そうすることで、学校で用意した材料を誰もが使いやすくなり、また皆が近くで材料を工夫して形を作るので友達に相談しやすくなる。

point 3 安全のため、牛乳パックやペットボトルを切りたいときには、教師が切ることを伝えておく。また、ゴミは落とさないように伝え、ゴミ袋も用意しておく。

授業の流れ ▷▷▷

1 本時のめあてと見通しを確認し、活動への期待をもつ

うちわの紙を剥がしてきました
今日はたくさんのシャボン玉が作れるように工夫しましょう

めあてと見通しを確認する。家庭ですでに形を作ってきた子供がいた場合には、その意欲を称賛し、どうしてその形にしたのかを尋ね、みんなの参考になるようにする。

2 たくさんのシャボン玉が作れるように、何度も工夫して試す

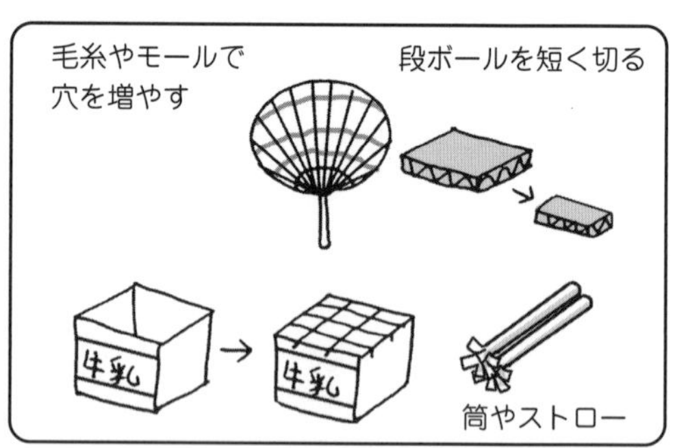

筒やうちわに毛糸などを貼って穴の数を増やしたり、ストローや筒を何本かくっつけたりして工夫している子供に、その工夫をした理由を聞き、周りの子供にも紹介していく。なかなか工夫が思い付かない子供には、友達の工夫を紹介しながら、一緒につくっていく。

環境構成のイメージ　誰もが使用しやすい材料の準備

（ストロー、ペットボトル・牛乳パック、毛糸・モール、厚紙3種類、段ボール等を朝礼台の上に設置）

（材料を自分で用意してくる子供もいるので、それらをまとめて設置する）

3 教室に戻り、今日の活動を振り返り、次時の見通しをもつ

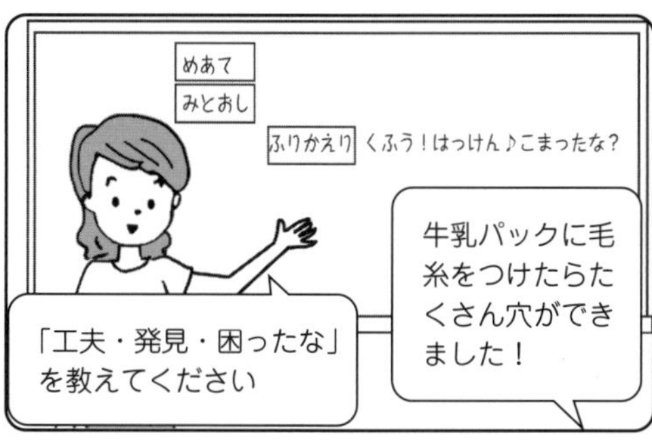

めあて
みとおし
ふりかえり
くふう！はっけん♪こまったな？
「工夫・発見・困ったな」を教えてください
牛乳パックに毛糸をつけたらたくさん穴ができました！

　気付いたことを学習カードに書いてから発表する。挙手していなくても、めあてに沿った気付きをしている子供は発表してもらう。次時は、大きなシャボン玉をつくることを予告し、どのようにすればできるのか見通しをもてるようにしておく。

期待する子供の反応

自分なりに、形や材料を工夫して、たくさんのシャボン玉を作っている。

1 **[導入]**
たくさんのシャボン玉を作るぞ。

2 **[展開]**
うちわを使うとたくさんできた。うちわにモールを通して穴をもっと増やそう。

↓

3 **[まとめ]**
穴がたくさんあると、たくさんのシャボン玉ができるから、次は大きな穴を作ればいいと思います。

本時案

大きなシャボン玉を作ろう

本時の目標

大きなシャボン玉を作る活動を通して、材料や形を工夫したり友達と相談したりしながら、大きなシャボン玉の作り方に気付くことができる。

資料等の準備

・シャボン玉液
・材料（ストロー、段ボール、牛乳パック、様々な大きさの厚紙、ペットボトル、毛糸、モール）
・ゴミ袋
・セロハンテープ
・デジタルカメラ
・学習カード 1-4-1
・体育着

深い学びの視点からの授業改善

➡板書の工夫

point 1 本時のめあてと見通しを確認する。毎時間、今は見通しの何番の学習を行っているのかがどの子供にも分かるように、印をつけていく。

point 2 学び合いの活動では、まず前時の活動を振り返りながら板書する。板書することで、前時の学びと本時のめあてを関連付けて考えることができるようにする。

point 3 振り返り場面では、形や風など子供が着目した視点ごとにまとめて板書し、うまくいかなかったことなども取り上げていく。前時からの学びを生かすことで、大きなシャボン玉ができたことを押さえる。

授業の流れ ▷▷▷

1 本時のめあてと見通しを確認し、工夫して形を作る

本時のめあてと見通しを確認後、みんなでどういう形にすると大きなシャボン玉ができるのか、話し合う。教室でだいたいの形を作ってから校庭へ出ることにする。一人一人が大きなシャボン玉作りに向けて見通しをもって作成できるようにする。

2 大きなシャボン玉ができるよう、何度も試す

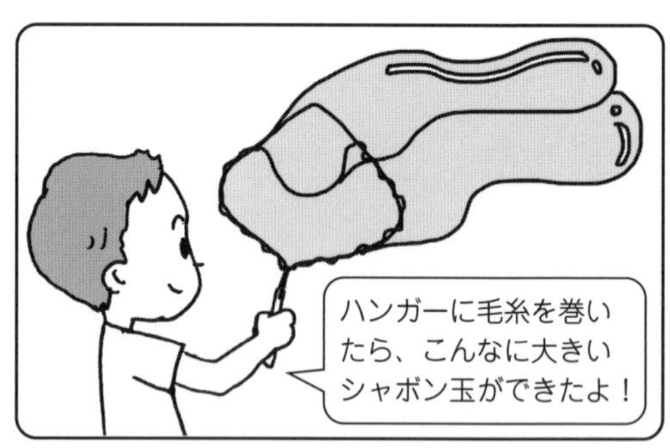

実際に大きなシャボン玉ができるか校庭で試す。うまく作れた子供には、他の材料でも作ることができるか提案したり、うまくいかなかった子供には一緒に原因を考えたりしながら、繰り返しつくって試してみるように声をかけていく。

くふうして、大きな シャボンだまを つくろう

みとおし point 1

★①まなびあい
②つくる
③ためす
④ふりかえり
⑤まとめ

まなびあい point 2

（まえ）あなが たくさん → シャボンだま もたくさん！

（きょう）あなが 大きいと → 大きな シャボンだま？

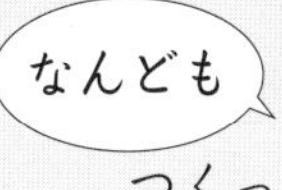

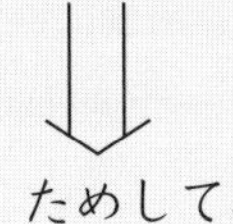

つくって、ためしてみよう！

ふりかえり point 3

くふう！　はっけん♪　こまったな？

ハンガー、あつがみで大きいまる
ぎゅうにゅうパック　よそうどおり
↓
・あなが大きいと できた！
・そうっと うごかしたほうがいい。
・かぜがシャボンだまをつくって くれた！　むきもたいせつ！

でも、かぜがつよいと、われた。
・ハンガーがでこぼこでうまくいかなかった。
↓
たいらにする。けいとをまくといい。

まとめ　・あなが大きいと 大きなシャボンだまができた。
・かぜのむきも かんがえるといい

3 教室に戻り、今日の活動を振り返り、次時の見通しをもつ

工夫して、大きなシャボン玉を
作ることができましたね！
次は自分がつくりたいシャボン
玉を作りましょう

学習カードに記入した後、発表する。形の工夫だけでなく、風の強さや向きへの気付きも大切に取り上げる。また、うまくいかなかったことも取り上げて、その原因や解決策もみんなで考えていく。次時は、自分が作りたいシャボン玉を作ることを伝える。

期待する子供の反応

形や材料を工夫して、何度も試し大きなシャボン玉を作り方に気付いている。

1 **[導入]**
厚紙をつなげて、作ってみよう。

2 **[展開]**
あれ、うまくいかないな。そうか、厚紙のつなぎ目がデコボコだ。

↓

3 **[まとめ]**
厚紙のつなぎ目を揃えたら、大きなシャボン玉ができました。厚紙を動かさなくても風が吹いたらシャボン玉ができました。

本時案

自分が作りたいシャボン玉を作ろう

本時の目標

前時までの活動を振り返りながら、材料や形などを工夫して、自分が作りたいシャボン玉を作ったり遊びを考えたりすることができる。

資料等の準備

- シャボン玉液
- 材料（ストロー、段ボール、牛乳パック、様々な大きさの厚紙、ペットボトル、毛糸、モール）
- ゴミ袋
- セロハンテープ
- デジタルカメラ
- 学習カード 1-4-2
- 体育着

主体的な学びの視点からの授業改善

➡環境構成の工夫

point 1 今までの子供の活動から事前にどのような形からどんなシャボン玉ができたのかを模造紙に書いておく。本時では、まず模造紙を見ながら、確認していく。その後、机を班の形にして、形を作ったり相談したりする時間を設ける。ある程度、子供が作りたいシャボン玉の見通しが立った段階で、校庭に移動する。

point 2 黒板に貼っておいた模造紙を校庭に持っていく。もっと作りたいときや、うまくいかなかったときには、模造紙がヒントになることを伝えておく。

授業の流れ ▷▷▷

1 本時のめあてと見通しを確認し、教室で工夫して形を作る

本時のめあてと見通しを確認した後、模造紙を見たり、友達と相談したりしながら、自分が作りたいシャボン玉を作ることができるように材料を工夫する。

2 シャボン玉作りを試したり、遊びを考えたりする

校庭に移動し、作りたいシャボン玉ができるか試す。何度も試行錯誤しながら作っても、試しながら友達と一緒に遊びを考えてもいいことを伝えておく。遊んでいる子供には、遊びのルールと、そのためにどのような工夫をしているのかを問いかけていく。

環境構成のイメージ　模造紙を効果的に使う

point 1

各材料からどんなシャボン玉の形ができたのか模造紙にまとめる

めあて　じぶんがつくりたいシャボンだまをくふうしてつくったり、あそびをかんがえたりしよう

みとおし

★①まなびあい
②きょうしつで、つくる
③こうていでためしたり、あそんだりする
④ふりかえり
⑤まとめ

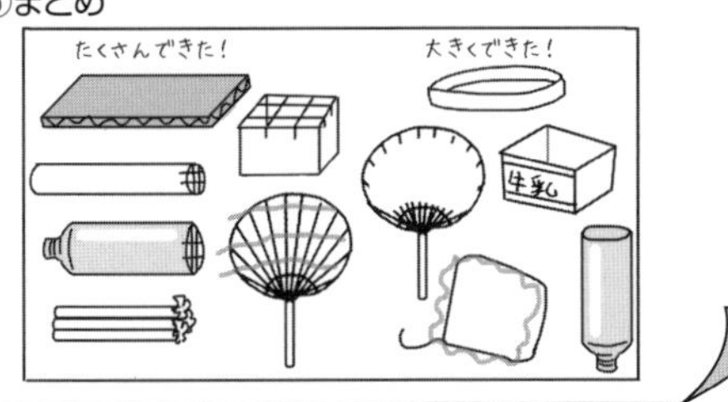

たくさんできた！
大きくできた！
牛乳

（校庭）

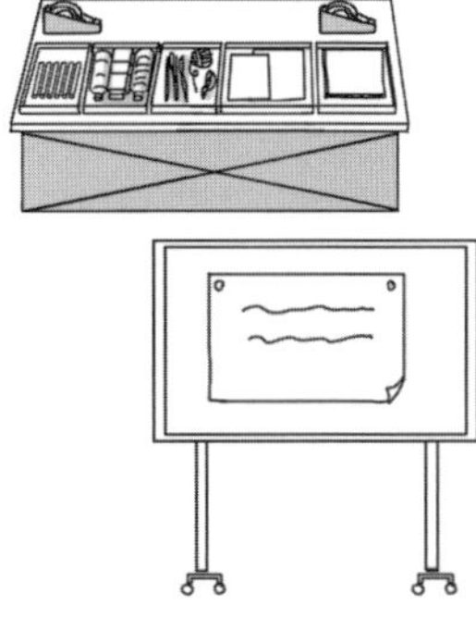

point 2

校庭で活動する際は、模造紙も移動させ設置する

3 今日の活動とシャボン玉作り全体の活動を振り返る

皆でどうすればいいのか考えて助け合ったから、いろいろなシャボン玉ができました。

めあてに向かって、見通しをもって形を作ったこと、うまくいかないときに原因を考えたこと、そして皆で取り組んだからこそ楽しい活動になったことなどを振り返る。次は、さらに夏を楽しむ遊びをしようと呼びかける。

期待する子供の反応

自分のめあてに向かって形を工夫したり、友達と遊びを考えたりしている。

1 **［導入］**

シャボン玉をくっつけて双子のシャボン玉を作ろうよ。

2 **［展開］**

うまくできた！　次は、大きなシャボン玉の中に小さなシャボン玉を入れよう。やった、大成功！

3 **［まとめ］**

友達と協力して、作りたいシャボン玉ができました。楽しかったです。

本時案

水鉄砲遊びや砂遊びを楽しもう

本時の目標

水鉄砲遊びや砂遊びを工夫しながら遊ぶ活動を通して、夏には夏にぴったりな楽しい遊びがたくさんあることに気付くことができる。

資料等の準備

・学習カード 1-4-2
・マヨネーズやペットボトルなどの空き容器（穴をあけられる家庭にはあけてもらう。）
・三角コーン
・的当て用の絵
・大きな桶
・深皿
・フープ
・バケツ
・体育着

深い学びの視点からの授業改善

➡環境構成の工夫

point 1 砂遊びと水鉄砲遊びをすることに決める。砂場と砂場の近くを水鉄砲の場とし、目の届きやすい範囲で活動を行う。砂場と水鉄砲の場の境目に、水を入れた桶やバケツ、深皿などを用意して、自分が行っていない遊びや友達の遊びの工夫にも目が向くようにする。また、空き容器に穴をあける場を設け、教師があけるか、教師の前であけることにし、安全には十分に配慮する。

point 2 水鉄砲の場では、友達と競争する遊びが生まれたり、自然を感じたりできるような場を作っておく。三角コーンにラミネートした絵を貼ったり、三角コーンの間に絵をぶら下げて風を感じたりすることができるようにする。環境を整えることで、風に目が向くようになったり、水を遠くへとばす工夫をしたりする。

授業の流れ ▷▷▷

1 本時のめあてと見通しを確認する

本時のめあてと見通し、空き容器のあけ方を確認し、安全には十分に配慮する。校庭に移動して、活動の場を確認し数名の子供に何をして遊びたいか聞く。その後、自分が遊びたい遊びを行う。

2 遊びの途中で一度集まり、遊び方を伝え合う

途中で全員を集め、崩れにくい砂山の作り方や砂山のトンネルの失敗例と成功例、水鉄砲ではどうすると遠くに飛ぶのか、どんな遊びをしているのかなどを伝え合い、後半の遊びに生かしていくようにする。どの子供を指名するか、子供の活動をよく見ておく。

活動：様々な水遊びで夏を楽しむ

(三角コーンには絵を下げて、
風に当たるようにする)

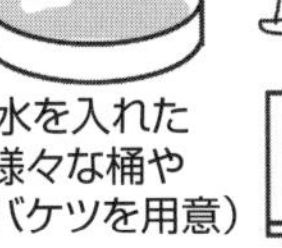

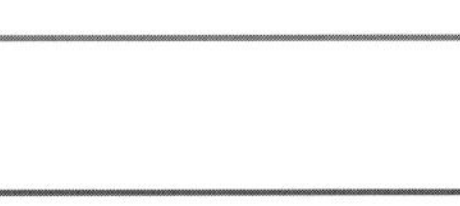

(水を入れた
様々な桶や
バケツを用意)

3 今日の活動を振り返る

穴のあき方、
力の入れ方によって
飛ぶ距離が違ったね

たくさん遊ぶ時間を確保するため、校庭で振り返りをする。空き容器の穴の大きさや力の加減によって水の飛ぶ距離が変わることなどの気付きを共有する。そして、暑い夏だからこそ砂場や水鉄砲遊びで水を使うことが気持ちよく、とても楽しかったことに共感する。

期待する子供の反応

遊びを工夫して、砂遊びや水鉄砲遊びを楽しんでいる。

1 **[導入]**
マヨネーズの空き容器に穴をあけてきたから、水鉄砲遊びをしよう。的当てをしたいな。

↓

2 **[展開]**
風が吹いて的が揺れるし、ちょっと遠くて的に当たらないな。水をたくさん入れて、近くから当ててみよう。

↓

3 **[まとめ]**
力いっぱい押すと遠くに飛びました。今度、砂山のトンネルを作りたいです。

本時案

楽しみだね、夏休み！

本時の目標

「楽しみだね、夏休みカルタ」をする活動を通して、楽しく安全に夏休みを過ごそうと考えることができる。

資料等の準備

・カルタ用の短冊

対話的な学びの視点からの授業改善

➡活動の工夫

point 1 去年の夏にした楽しかったことや今年楽しみなこと、自分ができるお手伝い、安全に過ごすために気を付けることを話し合い、子供たちと分類しながら担任がYチャートで板書にまとめる。

point 2 夏休みに楽しみなことやしたいこと、自分ができるお手伝い、安全について自分が気を付けることを隣の友達と相談しながら一人6枚程度短冊に書き、それをカルタにする。早く書いた子供は内容に合った絵を描く。

point 3 班の友達4人でカルタを行う。読み手は、机に置いてある自分のカルタの文字を読み、他の子供がそのカルタを取る。勝敗にこだわるのではなく、友達がどのような夏休みを過ごしたいのかを知るためにカルタを行うことを事前に指導しておく。

授業の流れ ▷▷▷

1 夏休みに楽しみなこと、お手伝い、安全について話し合う

みんなは家族の一員でもあるし、地域の一員でもあります。楽しく夏休みを過ごすためにも、家族、地域の一員として何ができるかな？

夏休みに楽しみなことを発表する。そして、そのためには家族や地域の一員として、毎日できるお手伝いや挨拶をすること、また交通安全、水遊びなどで気を付けることを確実に押さえる。

2 カルタを作り、班で“楽しみだね、夏休みカルタ”を行う

おじいちゃんの家に行くのが楽しみ

カルタ遊びでは、うなずいたり、相づちをうったりしながら、友達が読んだ札をしっかりと聞くことを指導する。また、勝敗にこだわるのではなく、友達がどのような夏休みを過ごしたいのかを知ることが大切だと伝える。

活動：ペアやグループで対話する

point 1

➡Yチャートで分類しながら教師と子供との対話

（板書例）

めあて 「たのしみだね、なつやすみカルタ」をして、なつやすみを たのしくすごせるようにしよう

みとおし
①まなびあい
★②カルタづくり
③カルタあそび
④ふりかえり

たのしみ
りょこう、プール、はなび、おまつり、うみ、おじいちゃんのいえ

おてつだい
しんぶんとり、しょっきあらい、せんたくものたたみ、りょうりのてつだい、はいぜん

あんぜん
ゆうがたチャイムでかえる
おうだんほどう
みぎ・ひだり・みぎ
ひとりであそばない
みずあそび はなび } おとなと いっしょ

（カルタづくり）

point 2

6まいまで

point 3

➡グループで対話

（カルタ遊び）読み手は立つ

班の形にする

3 今日の活動を振り返り、夏休みへの期待をもつ

安全に気を付けて、挨拶
やお手伝いをたくさんして
楽しい夏休みにしましょう！

小学校生活初めての夏休みを楽しむためには、自分も家族や地域の一員であると自覚すること、そして安全に気を付けて過ごすことが必要不可欠であることを改めて確認する。カルタのように、皆が夏休みを楽しく過ごせるようにしようと締めくくる。

期待する子供の反応

安全に気を付けながら、楽しい夏休みを過ごしたいと考えている。

1 **［導入］**
お祭りや旅行が楽しみだな。水遊びをするときには、気を付けよう。

2 **［展開］**
カルタをたくさん取りたいから、しっかり聞こう。○○さんもお祭りに行くんだな。後で話してみよう。

3 **［まとめ］**
夏休みが待ち遠しいな。毎日のお手伝いもしっかりやるぞ。

5 モルモットとなかよし

12時間

【学習指導要領】 内容(7)動植物の飼育・栽培

1時	2時	3時	4時	5・6時
第1小単元（導入） モルモットと出会う活動を通して、動物の飼育に対する関心をもつ。			**第2小単元（展開①）** 計画を基に、飼い方について気になったところを確認しながらお世話をする。	
1．ゲージに入っているモルモットと出会う モルモットと出会い、育つ場所やモルモットの様子に興味をもち、その愛らしさや温かさに気付く。 **2．気を付けることを動物園の獣医さんから聞く** モルモットの飼い方について動物園の獣医さんから聞き、お世話をするときに大切なことを知る。 **3．モルモットを飼う計画を立てよう** 飼うための計画を話し合い、獣医さんや保護者の方の話を基にモルモットに合う環境を話し合う。 ☺モルモットへの関心をもち、お世話をしようとしている。 ☝モルモットに対してどのように思ったのか友達と伝え合っている。			**4．モルモットのお世話をしてみよう** モルモットの気持ちを考えることの大切さに気付くとともに、モルモットに配慮にしたお世話をする。 **5・6．モルモットのお世話の仕方をもう一度調べよう** モルモットのお世話をする中で困っていることを紹介し合い、自分たちの働きかけのよさと課題について考え、モルモットの気持ちを考えた扱い方について話し合う。 ☝モルモットの飼育方法について友達と話し合ったり、調べたりしてこれまでの経験と結び付け行っている。 ✎モルモットの様子と飼育方法には関わりがあることに気付いている。	

本単元について

単元の概要と育成を目指す資質・能力

本単元は、学習指導要領の内容(7)「動植物の飼育・栽培」を基に単元を構成し、内容の具体的視点としては「キ　身近な自然との触れ合い」を位置付けて単元を構成している。

本単元においては、身近な生活に関わる見方・考え方を生かして学習活動を展開し、一人一人の資質・能力の育成を目指していく。具体的には、飼育するモルモットの成長や自分の気持ちの変化に目を向けて対象を捉え、他の動物と比べたり、自分と関連付けたりしようという思いや願いをもって活動することである。

そのために、本単元では、身近な生き物を飼って育てる活動を、継続的に行う。その際には、子供が自分の思いや願いを生かして活動することができるようにするとともに、モルモットとの触れ合いを深め、小さな生命の鼓動を感じ、大切にすることができるようにする。

また、飼育活動を振り返り、モルモットの世話をする中で自分自身の生命に対する思いの変化や、成長に気付くことができるようにしたい。

単元の目標

モルモットを飼う活動を通して、育つ場所、変化や成長の様子に関心をもって世話をし、その生命や成長に気付くとともに、生き物への親しみをもち、大切にすることができるようにする。

※なお、飼育動物に関しては、各学年の状況や子供のアレルギーの有無等を鑑み、学級によってより適切な動物を選ぶことが必須である。モルモットは一例に過ぎない。また、最後まで育てることが望ましいが、全国の学校の状況の差を鑑み、本書では一時的にお預かりする場面を想定し執筆している。

7・8時	9時	10・11時	12時
第3小単元（展開②） 飼育活動を通して、調べたことや気付いたこと、感じたことなどを振り返って表現し、友達と伝え合おうとする。		**第4小単元（終末）** モルモットとのお別れ会を開催し、これからの自分と生き物の関わり方について考えようとする。	
7・8．モルモットの健康診断をしよう 自分たちのお世話の仕方の変化を考え、モルモットとともに成長している自分たちの変化を話し合う。 **9．モルモットとの思い出アルバムを作ろう** モルモットと共に過ごしてきた日々の思い出について考え、モルモットと共に成長している自分について話し合う。 ☺モルモットの成長を自分のこととして喜び、大切にして関わろうとしている。 ☝モルモットの飼育方法について、獣医さんと比べながら、工夫して行っている。 ✎モルモットに対する関わり方に変化が生まれていることに気付いている。		**10・11．動物園に帰るモルモットとのお別れ会をする** モルモットとのお別れ会を開催し、モルモットのためにできることを実践しようとする。 **12．自分と生き物とのこれからの関わりについて考えよう** これからもよりよい関わりを実践しようとする考えを話し合う。 ☺飼育活動による自分の成長をこれからの学習や生活に生かそうとしている。 ☝モルモットへの思いを大切にしつつ、自分たちで企画したお別れ会を実践するために何が必要かを考え、自分の思いを表している。	

【評価規準】✎…知識・技能　☝…思考・判断・表現　☺…主体的に学習に取り組む態度

本単元における主体的・対話的で深い学び

本単元では、動物を飼育する活動を通して、動物の変化や成長を目指した内容(7)を中心にして学習を進めることとした。そこで、動物の変化や成長についてグループの友達と語り合ったり、獣医師やモルモットを飼っている保護者の方から聞き取ったりする活動を位置付け、活動や体験の充実を図りたいと考える。

第1・2小単元では、モルモットとの出会いを通して、モルモットを飼うことに対する思いや願いをもつとともに、生命に対する責任を感じることができるようにしたい。

第3小単元では、飼育活動を行いながら、関わることの楽しさや難しさを振り返り、気付いたことを明確にするとともに、そこで得た気付きを学級の他の友達と共有していく。

さらに第4小単元では、動物園から預かったモルモットが冬を越せるように、お別れ会を開催する。その中で、子供たちが自分たちの学びのよさに気付いたり、学習中の写真や映像などを基に学びを振り返ったりすることができるようにする。

本時案

ゲージに入っているモルモットと出会う

1/12

本時の目標

モルモットと出会う体験を通して、育つ場所やモルモットの様子に興味をもち、モルモットの愛らしさや温かさに気付くとともに、お世話をしてあげたいという思いを膨らませることができる。

資料等の準備

・モルモット（4、5人のグループに1匹）
・モルモットのえさ
・モルモットのゲージ
・新聞紙（ゲージの下）
・学習カード 1-5-1

主体的な学びの視点からの授業改善

➡環境構成の工夫

point 1 活動に際しては、学級のできるだけ近くでモルモットと関わることができるように環境構成の工夫を行う。そのために獣医の方の指示を仰ぎながら、直射日光が当たらず、温度管理が行える衛生的な場所を準備しておく。また、アレルギーの子供がいるのかどうかの事前の調査なども踏まえ飼育動物の選定を行い、保護者にも十分な説明と共有を行う。

point 2 モルモットを見る活動（各グループ一匹）を位置付け、うさぎ等、学校で飼育している動物との違いを比べ、似ているところと違うところに気付けるようにしたい動物園などとの連携を図り、学校に連れてきてもらえるようにお願いをしておく。

授業の流れ ▷▷▷

1 机の上にある箱に何がいるのか想像する

教室を4～5人のグループにした席にしておき、その真ん中にゲージを置く。上から薄い布などで目隠しをすることで、子供たちの好奇心を喚起するようにする。子供たちと共に、箱に何がいるのか諸感覚を使って楽しく想像したい。

2 目隠しを外して、モルモットの様子を観察する

モルモットが驚かないようにゆっくりと明るくし、観察する。大きな声を出すとモルモットが驚く可能性もあるので静かにじっくりと観察することができるようにする。様々な側面から観察するとともに、うさぎとの違いや似ているところにも目を向けさせる。

環境構成のイメージ　モルモットと出会ったよ

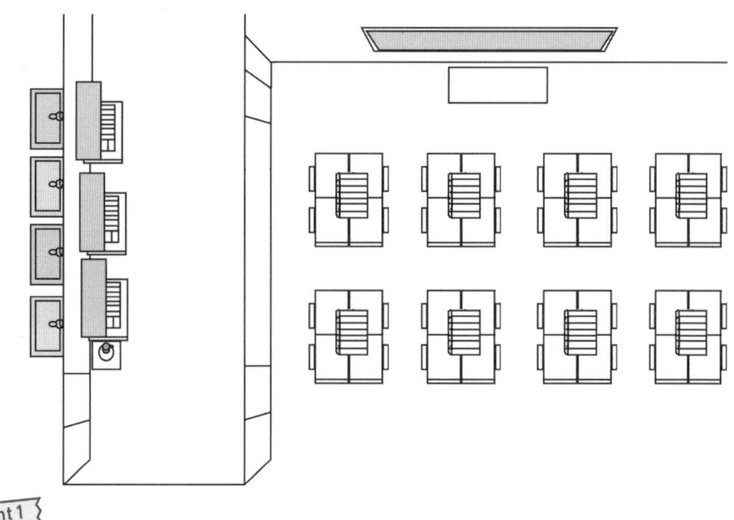

point1
➡モルモットのゲージは廊下に配置する。風通りがよく、出入りしやすいところにするとよい。また、消毒液の設置も忘れない。ゲージの上には、モルモットに直射日光が当たらぬよう、日よけ用の屋根を付けておく。

3 動物園の方の話を聞き、次時への思いを膨らませる

感じたことや思ったことを伝え合い、モルモットを連れてきてくださった動物園の方の話を聞き、これからの学習への思いを膨らませる。本時の振り返りをカードに記しておくことで、次時への見通しをもつことができるようにする。

期待する子供の反応

モルモットの様子に興味をもち、これからの学習への思いを膨らませる。

1 **[導入]**
箱の中に入っているものは何かな？ごそごそするぞ。

2 **[展開]**
とても小さくてかわいくてふわふわしているな。触りたいな。

3 **[まとめ]**
モルモットを次の時間に触りたいね。お世話をしたいな。楽しみだな。かまないか少し不安だな。

本時案

気を付けることを動物園の獣医さんから聞く

本時の目標

モルモットの飼い方について動物園の獣医さんから聞く活動を通して、一緒に遊んだりお世話をしたりするときに大切なことを知り、モルモットの気持ちに気付くとともに、お世話をしたり関わったりしてあげたいという思いを強くもつことができる。

資料等の準備

- モルモットの飼い方の資料
- モルモット（4、5人のグループに1匹）
- モルモットのえさ
- モルモットのゲージ
- 新聞紙（ゲージの下）
- 学習カード 1–5–2

主体的な学びの視点からの授業改善

➡活動の工夫

point 1 活動に際しては、どのように関わればよいのか、今までの生活経験を基に話し合ったり、動物園の獣医の方の話を聞いて実際にモルモットと関わったりする活動を行うことで、モルモットの飼い方を体験的に理解できるように働きかけたい。自己調整的な学びになるように学習前に比べて、モルモットに寄り沿うことができるようになったことを絵などで表すようにする。

point 2 グループに1匹のモルモットと関わる活動を行うためにも、机などを利用しないスペースで触ることができるようにしたり、ゲージの中のえさや水の分量を準備したりする。清潔な環境に保つことができるように、手洗い場や消毒液、掃除道具等も準備し、正しい飼育方法を習慣化できるようにしていきたい。

授業の流れ ▷▷▷

1 モルモットと触れ合いたいという思いを交流する

前時のモルモットを観察した写真を基にモルモットの愛らしさを感じ、触れ合いたいという思いを確認する。その上で動物園の飼育員の方に登場していただき、話を聞いてもっとお世話ができるようになりたいという思いを膨らませる。

2 モルモットの飼い方について話を聞いたことをやってみる

動物園の獣医さんからモルモットの生態や飼い方などについて聞く。その中で、モルモットが喜ぶことを実際に試してみたり、えさや水やりの仕方を繰り返し体験したりすることで、これからの実践に向けての自信をもつことができるようにする。

活動：モルモットのお世話の仕方を学ぶよ

point 1

➡獣医の方の話を聞きながらお世話の仕方を学ぶ。意見を交わしながら体験できるように、４～５人で囲むように触ることができるようにする。

モルモットの　おせわで　ちゅういすること

ゲージ	しずか　しんどうが　ない
トイレ	ゆか　かみ　ほかは　きれいに
せっしかた	１しゅうかんは　そっとする
おんど（しつど）	20～26ど（40～60%）
みず	まいにち　こうかん
えさ	ぼくそう１にち１かい ペレット２かい やさいは　つめたいままは ×
せいかつ	あさとひる　あかるく　よる くらく
だっこ	とじた　ももの　うえで やさしく　はなす
ブラッシング	けの　ながい　こは　まいにち （びょうきを　ふせぐ）
マッサージ	あたまから　おしりへ
におい	おしりや　けを　ふく ぼくそうを　かえる

3 本時の学習でモルモットと関わって気付いたことを振り返る

初めてのモルモットとの関わりを絵や言葉に表すことで自分の体験を心に刻んでもらいたい。この中に「触れたときのあたたかさ」や「手に感じた心臓の鼓動」「かわいらしい仕草」などの体験に基づく気付きについては交流の中で拾い上げていきたい。

期待する子供の反応

動物園の獣医さんから聞く活動を通して、お世話をしたり関わったりしてあげたいという思いを強くもつ。

1 ［導入］

今日はいよいよモルモットと触れ合えるから楽しみだな。

↓

2 ［展開］

モルモットと関わるときに気を付けることを守って大切にお世話をしたいな。

↓

3 ［まとめ］

モルモットと触れ合ってみて、とてもかわいいという思いが強くなったよ。○月まで責任をもってお世話したい。

本時案

モルモットを飼う計画を立てよう

本時の目標

モルモットをこれから飼うための計画を話し合う活動を通して、獣医の方や家でモルモットを飼っている保護者の方の話を基にどう準備すべきか考え、モルモットに合う環境を保ち続けることに気付くとともに、モルモットを大切にしようとすることができる。

資料等の準備

・飼育員さんからのお手紙
・モルモット（4、5人のグループに1匹）
・モルモットのえさ
・モルモットのゲージ
・新聞紙（ゲージの下）
・学習カード 1-5-1

主体的な学びの視点からの授業改善
➡活動の工夫

point 1 活動に際しては、実際の仕事内容の全体像を把握した上で、全員がモルモットの飼育に平等に関わることができるようにすることを考えた上で、役割分担を検討していくようにする。

point 2 子供たちが、自分で決めたことを自分でやり抜くことの大切さに気付くことができるように、表の掲示だけでなく、😊 😑 ☹などの顔シールを準備することで、お世話が、自分の成長につながったのか、自覚できるようになる。

授業の流れ ▷▷▷

1 飼育するための計画を立てる必要性を感じる

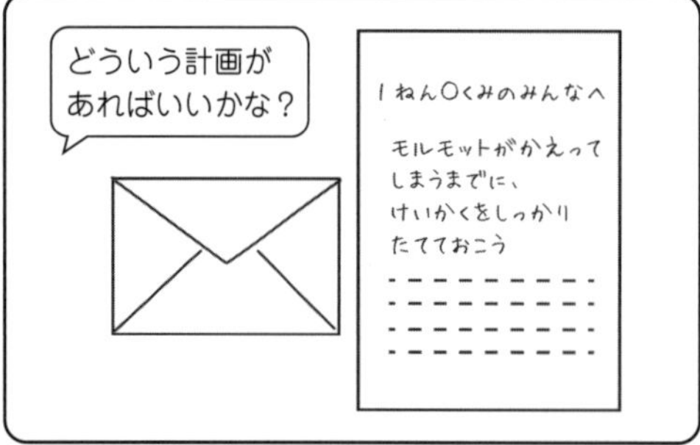

飼うことに意欲的になっている子供たちに動物園の獣医の方からの手紙を紹介する。○月に動物園に帰る日までに「いつ、どこで、どのように、誰が、何をするのか」という具体的な計画を立てる必要があることを自覚する。

2 えさやおうち、世話の仕方について調べたことを話し合う

動物園の獣医の方からの宿題にあったことを調べた上でどうすべきなのか話し合い、お世話を確実に毎日し続けるための役割分担が必要であることを理解する。その上で、各グループの役割と分担を決めることができるようにする。

活動：モルモットのお世話の計画を立てたよ

（月曜は振替休日などの場合が多いので、金曜と同じ担当者にしておく）

（土日も連れて帰る当番を決めておく）

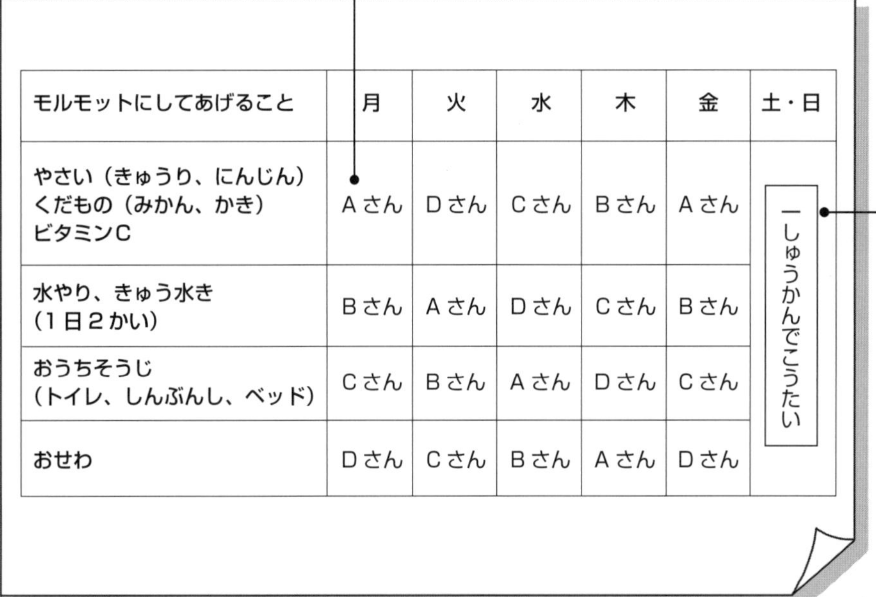

モルモットにしてあげること	月	火	水	木	金	土・日
やさい（きゅうり、にんじん） くだもの（みかん、かき） ビタミンC	Aさん	Dさん	Cさん	Bさん	Aさん	一しゅうかんでこうたい
水やり、きゅう水き （1日2かい）	Bさん	Aさん	Dさん	Cさん	Bさん	
おうちそうじ （トイレ、しんぶんし、ベッド）	Cさん	Bさん	Aさん	Dさん	Cさん	
おせわ	Dさん	Cさん	Bさん	Aさん	Dさん	

3 計画を立てて感じたことを振り返る

えさも一日に決まった量をあげて健康に気を付けよう
順番にお世話しようね

自分たちがモルモットの生命を預かっているという自覚と責任をもつとともに、手順や役割を分担しつつ、継続的な世話をしなければ動物を飼育することができないという気付きを大切にしたい。

期待する子供の反応

モルモットのお世話の計画を立てる活動を通して、お世話をしたり関わったりすることへの自覚と責任を強くもつ。

1 **[導入]**
モルモットを飼うための計画を立てられていなかったよ。

↓

2 **[展開]**
モルモットのお世話を毎日欠かさずし続けられるようにしたいな。

↓

3 **[まとめ]**
モルモットの生命を預かっているから、きちんとしたいな。○月まで責任をもってお世話したい。

本時案

モルモットのお世話をしてみよう

本時の目標

モルモットのお世話をする活動を通して、モルモットの立場に立った働きかけについて考え、モルモットの気持ちを考えることの大切さに気付くとともに、モルモットに配慮にしたお世話をしようとすることができる。

資料等の準備

・飼育員さんからのお手紙
・モルモット（4、5人のグループに1匹）
・モルモットのえさ
・モルモットのゲージ
・新聞紙（ゲージの下））
・学習カード 1-5-1
・学習カード 1-5-3
（「お手紙」カード）

対話的な学びの視点からの授業改善

➡活動の工夫

point 1 これまで獣医の方から教わったことに加え、自分たちで調べたことを基にモルモットのお世話をする。お世話中にはモルモットに気持ちを尋ねることを促す。「『きもちいい』『おいしい』と言っている」などのつぶやきを拾い上げたい。

point 2 モルモットに話しかけた内容やモルモットが話しかけてきたと感じた内容を全体で共有する。振り返りの際には、モルモットへのメッセージを書くことで、モルモットの立場に立って自分たちの活動を振り返ることができる。

授業の流れ ▷▷▷

1 モルモットのお世話をするために調べてきたことを共有する

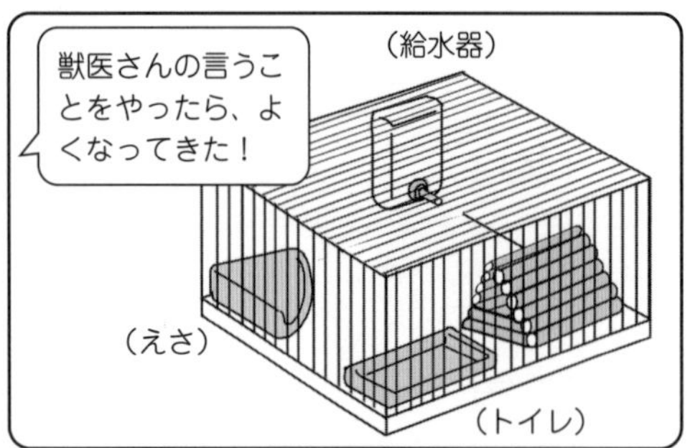

えさやりや水やり、温度調節や日光の当たり方など細かな部分まで調べたことをあげ、モルモットが安心して生活するための基準について確認しておく。最低限度のこと以外の各グループの創意工夫も認めるようにし、お互いの飼育の参考にし合う。

2 えさやおうち、水やりなどのお世話を行う

グループで協力しながら、お世話を行いつつ、モルモットと交流する。その中で、モルモットにどのようなことを心の中で話しかけ、どのようなことをモルモットが感じていると思ったか、想像するように促す。

活動：モルモットのお世話をするよ

（飼育小屋にメッセージボードとして、A4 サイズのホワイトボードをとりつけておき、交代でメッセージを書けたり、付箋紙を書いて貼れたりできるようにすることも支援の一つ）

point 1

➡モルモットに気持ちを尋ねるような声かけをしながらお世話する

3 全体で活動を振り返り、モルモットにお手紙を書く

自分の感じたモルモットの気持ちを交流することで、生き物の立場に立って考えられるようにすることを大切にしたい。また、モルモットへの気持ちをお手紙にして自分の表すことで、自分自身の気持ちの変化を自覚することができるようにする。

期待する子供の反応

お世話をすることを通して、モルモットの気持ちを想像し、大切にしたいという思いを強くする。

1 **[導入]**

モルモットの飼い方を調べてきたぞ。いよいよ始まるな。

2 **[展開]**

モルモットは自分たちのお世話をどう思ってくれているのかな。

⬇

3 **[まとめ]**

モルモットの気持ちを考えてみるともっとお世話をしてあげたくなったな。次もお世話を頑張りたいな。

本時案

モルモットのお世話の仕方をもう一度調べよう

5-6/12

本時の目標

モルモットのお世話をする中で困っていることを紹介し合う活動を通して、自分たちの働きかけのよさと課題について考え、モルモットの気持ちを考えた扱い方に気付くとともに、モルモットを大切にしようとすることができる。

資料等の準備

- 短冊
- モルモット（4、5人のグループに1匹）
- モルモットのえさ
- モルモットのゲージ
- 新聞紙（ゲージの下）
- 絵と感想を書くカード 1-5-1

深い学びの視点からの授業改善

➡板書の工夫

point 1 子供たちがうまくいっているところと、そうでないところを整理して板書にまとめる。そこで、各グループで短冊を書いてもらい、どのように課題を克服するのか見通しをもてるようにしていく。改善案に対し、本当にできるのか、「できる😊」「できそう😑」「むずかしそう☹」の三つに分類することで現実性を考えることができる。

point 2 低学年ではあるが、思考ツール（マトリックス）などを使って、自分たちの活動を振り返り、今後の見通しをもつことができるようにしたい。課題だけでなく、よさにも目を向けさせることで継続的な活動につなげることができる。

授業の流れ ▷▷▷

1 うまくいっているところとそうでないところを出し合う

継続的なお世話をする中で出てくるトラブルはつきものである。その中で、どうやって課題を解決するのかということを一つの学びの機会として捉えられるようにしていきたい。そこで、よかったところと、そうでないところを短冊に書く活動を行う。

2 どうしたらよいか話し合い、獣医の方に助言をもらう

子供たちの話合いだけでは解決が難しい部分については、専門家である獣医の方などのアドバイスをもらえるようにしたい。全てを子供に任せるのではなく、ハード面での解決が図れる部分は教師がその役割を十分に担う必要がある。

モルモットの　せわの　しかたを　もう1ど　しらべよう

point 1

太ってきた？

☺・えさのかいすうをへらす
☺・りょうをへらす
😐・うんどうさせる

トイレそうじがたいへん

☺・しんぶんしのうえにわら
☹・ゴムてぶくろ
☹・すのこをプラスチックに

けいかくとちがう

☺・2人ずつでする
☹・3かいしなかったらせんせいといっしょにする
😐・あそぶじかんとさわるかいすうをまもる

課題に対する改善策を、実現可能性で分類しながら出し合う

3　自分たちの活動のよさと課題から、計画の見直しを行う

計画表
役割を見直したからもっと楽しく関われるようになるね

当初立てた計画の見直しや追加が必要な場合は、付箋紙などで計画書に記載する。このように反省的思考を促す学習展開は生活科の学習だからこそ特に大切にしていきたいものである。

期待する子供の反応

モルモットへのお世話をすることで出てきたよさと課題を整理して、今後の活動につなげる見通しをもつ。

1 ［導入］
モルモットのお世話をしているけれど、ここには困っているな。

2 ［展開］
自分たちのグループも〇〇をすれば少しはよくなるのかもしれないな。試してみたいな。

⬇

3 ［まとめ］
モルモットの幸せのためにも、計画を見直して過ごしやすくなるようにしよう。

本時案

モルモットの健康診断をしよう

本時の目標

モルモットが順調に成長しているのか調べる活動を通して、自分たちのお世話の仕方の変化を考え、モルモットとともに成長している自分の変化に気付くとともに、継続的なお世話をし続けようとすることができる。

資料等の準備

・キッチンスケール
・最初の活動の様子を写した写真
・モルモット（4、5人のグループに1匹）
・モルモットのえさ
・モルモットのゲージ
・新聞紙（ゲージの下）
・絵と感想を書くカード 1-5-1

深い学びの視点からの授業改善

➡板書の工夫

point 1 教室に来たばかりの頃のモルモットと今のモルモットを比べたり、モルモットの写真とともに、自分たちの活動の写真を対応することでモルモットの成長とともに自分たちも変化していることに気付くことができるようにしたい。特にトイレの始末などの一人一人のお世話をする表情の違いを写真などから考えることも有効である。

point 2 友達からのコメントと、保護者の方からのコメント、獣医の方からのコメントなどをもらい共有することにより、自分自身の成長をや学びの過程をメタ認知し、それを肯定的に捉えることができるように促したい。

1 健康診断についての思いを出し合う

親身に関わっているからこそ、健康診断は子供たちの中には心配がある。そこで、子供たちが楽しみにしていることも心配だと考えていることも含めて共感的にやり取りを行った上で健康診断を行うことができるようにしていきたい。

2 健康診断の結果から、自分たちの変化を感じる

体重計測はキッチンスケールを利用する。獣医さんの診断を聞き、モルモットは自然に成長するだけでなく、お世話の仕方が重要であるということを改めて確認する。自分たちも、どのように関わり方が変化してきたのか考え、今後のことも含めて話し合う。

モルモットの　けんこう　しんだんを　しよう

せいちょう

point 1

とても
おおきくなった
たくさん　うごく
ようになった
よってくる　ように
なった

うんちも
たくさん
している

いっしょに　せいちょう　した

ふんを　いやがらなくなった
たくさん　えさを　やっている
おうちでも　おせわ　している

せいちょう

3 モルモットの成長と共にあった自分の成長を振り返る

最初はトイレの掃除が嫌だったけれど…
モモちゃんのためなら嫌じゃなくなりました

自分の中でどこが学習前と比べて変わったのか、成長したのかということを共感的な雰囲気の中で話し合えるようにしたい。そうすることで自信をもって次時からのお世話の活動にもつなぐことができる。

期待する子供の反応

モルモットの健康診断を通して見付けたモルモットの成長と自分の成長に気付くことができる。

1 **[導入]**
モルモットの健康診断は楽しみだけど、不安なところもあるな。

2 **[展開]**
モルモットが大きく健康に育っていたように自分たちも一緒に成長したかな。

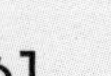

3 **[まとめ]**
残り少ないモルモットとの生活も毎日を大切にしてお世話をしてあげたい。自分ももっと成長していきたい。

本時案

モルモットとの思い出アルバムを作ろう

本時の目標

モルモットと共に歩んできた活動を記述していくことを通して、モルモットと共に過ごしてきた日々の思い出について考え、モルモットと共に成長している自分に気付くとともに、継続的なお世話をし続けようとすることができる。

資料等の準備

- 今までの活動の様子の写真
- モルモット（4、5人のグループに1匹）
- モルモットのえさ
- モルモットのゲージ
- 新聞紙（ゲージの下）
- 学習カード 1-5-2
- 配布資料 1-5-4
（表紙カード。アルバムの表紙などに適宜使用）

深い学びの視点からの授業改善

➡板書の工夫

point 1 前時の学習で見いだした、学習前後の変化だけでなく、お世話を続けたというプロセスに目を向けることで、各グループの中で起きた出来事などを思い出深く語り合うことができるようにしたい。子供たちが個としても集団としても生き物を大切にする心が高まったということを自覚させることが重要である。

point 2 「一番楽しい出来事は何だったか」「一番笑い合えたことは何だったか」「一番困ったことは何だったか」など、思い出深い出来事を中心にまとめることができるようにする。その際に、国語科の「書くこと」の学習との関連を図り、写真について説明する活動を取り入れるようにする。

授業の流れ ▷▷▷

1 スライドを提示し、いつのどんな出来事だったのか思い出す

モルモットとのお別れの日が迫ってきていることを示しつつ、アルバムを作っておきたいという思いを大切にする。毎時間各グループで撮りためてきた写真を複数枚選んで、子供たちが思い出を語り合うことができるようにする。

2 写真を選び、どのような心に残る思い出があったのか話し合う

複数の写真の中で、どのようなことがあったのか話し合う。その際に、「一番楽しい出来事は何だったか」「一番笑い合えたことは何だったか」「一番困ったことは何だったか」など、教師が提示したものも含めて10枚程度選ぶ。

モルモットの　おもいでアルバムを　つくろう

お世話のプロセスが分かる写真を掲示

point 1

5月	6月	7月	8月	9月	10月	11月

とてもちいさくてかわいい	えさをたべて大きくなったよ	なつやすみこうたいで　おせわをしたよ		おせわのしかたをみなおしたよ	けんこうしんだん	もうすぐおわかれさみしい

point 2

ちょっとこわかった

じゅういさんに　おしえてもらった

かぞくの　いちいんに なったみたいでうれしかった

うまくできるようになったね

しんぱいな　ところも　あったけど、みんな　げんきで　よかった

3 写真に合ったコメントを書き、アルバムにまとめる

夏休みに、モモちゃんが
家に泊まったときに、
走り回ったのでみんなで
追いかけたね。
ももちゃんへ

一人1～2枚程度の写真を選び、コメントを書く。できあがったアルバムはグループで読み合い、モルモットと共に、思い出を共有することができるようにしていきたい。

期待する子供の反応

モルモットと共に過ごしてきた日々を思い出深く捉え、自分の成長した地点を考える。

1 **[導入]**
モルモットと共に過ごしてきた日々は大変だったけど、楽しかったな。

2 **[展開]**
それぞれの写真に大切なエピソードがあって、自分たちとモルモットをつないでいるね。

↓

3 **[まとめ]**
できあがったアルバムは自分たちの宝物になりそうだね。大切にしていきたいな。

本時案

動物園に帰るモルモットのお別れ会をする

10-11/12

本時の目標

モルモットとのお別れ会を企画することを通して、モルモットのためにできることを考え、自分と共にいてくれたモルモットの存在の大きさに気付くとともに、最後にできることを実践しようとすることができる。

資料等の準備

・グループで制作したアルバム
・個人で書いたお手紙
・モルモット（4、5人のグループに1匹）
・モルモットのえさ
・モルモットのゲージ
・新聞紙（ゲージの下）
・学習カード 1-5-1

主体的な学びの視点からの授業改善

➡活動の工夫

point 1 当初の約束のとおり、モルモットは動物園から預かったものであるため、動物園にモルモットたちが帰る際に、グループで作ったアルバムとそれぞれの子供たちが書いたお手紙をモルモットに送るようにする。

point 2 生き物と関わることの難しさと共にその尊さについて考えたことを取り上げたい。そこでお別れ会では、作成したアルバムなどを手がかりに子供たちが自分たちの心の変化とお世話の仕方の変化を話し合う活動を取り入れたい。その際に、子供たちの気付きの高まりを価値付ける教師の働きとともに、飼育員の方の称賛も必要となる。

授業の流れ ▷▷▷

1 動物園に帰るモルモットのお別れ会の準備をする

初めて会ったときの写真だよ

モルモットのためのお別れ会の案内を今までにお世話になった獣医の方や保護者の方々、校長先生などに案内を出す。案内文は、「いつ・どこで・何を」しようとしているのかはっきりさせたお知らせになるよう促す。

2 モルモットのお別れ会を開く

アルバムを作ったよ。
本当にお別れしたくないけれど、
寒い冬も頑張ってね

子供たちの創意工夫を基に、アルバム渡しやお手紙渡しなどの要素を取り入れたプログラムでお別れ会を開催する。飾り付けや掲示物などもモルモットとの思い出の日々が伝わるようにしたい。保護者への理解を高める上で参観日などを利用してもよい。

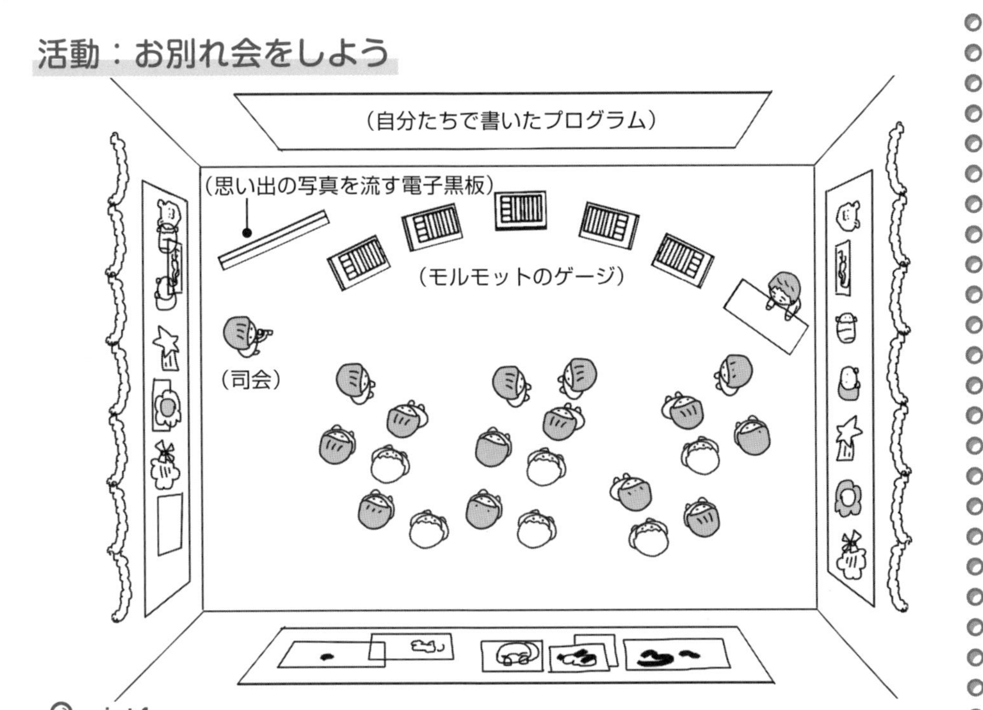

3 動物園の飼育員の方々からのコメントを聞く

みんなありがとう。
モモちゃんも幸せだったと思います
動物園に行っても会いたいです

子供たちの日々の成長やモルモットが幸せだったかどうかなどの視点から、モルモットの声を代弁するようなコメントを飼育員の方からしてもらうことで、子供たちの心に響く話となる。今後も関係が続くように動物園のどこで会うことができるのかも教えていただく。

期待する子供の反応

モルモットへの感謝の気持ちとお別れへの自分の気持ちを伝えることができるようにする。

1 **［導入］**
モルモットのために自分たちでお別れ会の準備をしよう。○○さんにもお知らせしよう。

↓

2 **［展開］**
とても大変だったけど、楽しかった。だから悲しいね。

↓

3 **［まとめ］**
大切にし続けてくれる飼育員の方々の下で、モルモットは幸せかもしれない。

本時案

自分と生き物とのこれからの関わりについて考えよう

12/12

本時の目標

自分と生き物との関わりについて考えることを通して、モルモットと共に過ごした学習を基に考え、生き物に対する思いが変化している自分に気付くとともに、生き物とのよりよい関わりを実践しようとすることができる。

資料等の準備

・学習カード 1-5-2
・学びの足あと
・グループで作成したアルバムのコピー
・動物園に戻ったモルモットの様子を映した動画
・個人で書いたお手紙のコピー

深い学びの視点からの授業改善

➡板書の工夫

point 1 モルモットを飼育した学習を通して、できなかったことができるようになったことや、もっとできるようにしたいことなどの自分の高まった力を交流し、確かめ合うことができるようにする。ここでは共感的な雰囲気の中で子供が自らの成長を語ることができるようにしたい。前時までの一人一人の学びの足あとを教師がもっておくことが重要である。

point 2 今回の学習を生かして、これからも子供たち自身が学校や地域の生活で関わっていく生き物に対してどのように関わっていくべきか話し合い、今後の子供たちの豊かな生活につなげることができるようにする。

授業の流れ ▷▷▷

1 動物園に戻ったモルモットが元気に暮らしている様子を見る

モルモットが冬を越えようと大きく成長している姿を確認する。自分たちも、今回の学習を通して大きく成長したと思えるところについて考えるのが本時の課題であることを明らかにする。

2 できるようになったことを話し合う

自分自身が成長しているところを共感的に話し合う。できなかったことができるようになったことや、もっとできるようになったことなどの、自分の高まった力をお互いに交流する。

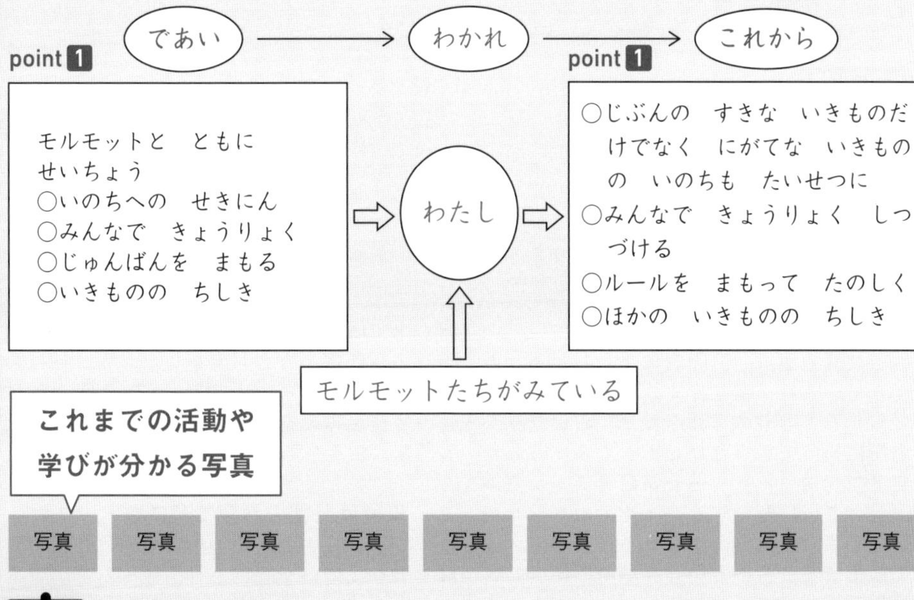

3 これからに生かせることを話し合う

モモちゃんと過ごしたときのように、みんなで順番やルールを守りたい
生き物にはそれぞれ命があるから大切にしたい

これからの生活や学習の中でも出会う様々な生き物との関わりを見通し、その生き物の立場に立って考えることや同じ生命があるという生命の平等性について考えられるようにしたい。

期待する子供の反応

生き物に対する思いが変化している自分に気付くとともに、生き物とのよりよい関わりを実践しようとする。

1 **[導入]**
モルモットも元気に大きくなっていて安心したよ。

↓

2 **[展開]**
この学習で、できるようになったことが増えて自信がついたよ。

↓

3 **[まとめ]**
どんな生き物に対しても相手の立場に立って考えて行動することができるようにしていきたいな。

6 あきとあそぼう

10時間

【学習指導要領】 内容⑸季節の変化と生活／⑹自然や物を使った遊び

1・2時	3・4時
第1小単元（導入） 校庭や裏庭、公園でまだ暑さ残る中にやってきている秋一番を見付け、季節の変化に気付く。	**第2小単元（展開①）** 校庭や裏庭、通学路、家庭生活で見付けた秋と関わりながら遊びや楽しみ方を発見する。
1・2．秋一番を見付けて紹介しよう 暑さが残る校庭や裏庭、公園を散歩しながら、もうやってきている秋一番を探す。散歩に行く前に1学期に散歩したときの写真を見せておいたり、実際の場所に持って行ったりしておくと比較しやすい。自分で見付けた秋一番を各自タブレット端末で撮影し、友達に紹介する。1学期の春探しで使った経験を生かして、タブレット端末のカメラアプリで撮影すると、いろいろな場所で紹介し合うことができる。 ☝秋一番の中から自分のとっておきを選んで紹介することで、秋のはじまりに気付いている。	**3．秋のお宝拝見！** 地域の専門家の方のお宝を見ながら、秋探しの話を聞く。授業に当たっては、花や葉、実などを使って作品作りをする地域人材や地域の博物館の専門家にお宝を見せてもらうよう依頼する。 **4．見付けた秋のお宝で遊ぼう** 登下校や家庭生活、校地内で見付けた秋の素材を触ったり、匂いを嗅いだり、並べたり、音を出したりしながら、大きさや形、音色などを比べたり、並べて何かに見立てたりする。諸感覚を使って関わり遊びながら素材を生かした遊びを試したり、何かに見立てて作ったりする。 ☝秋の素材を比較、分類、見立てるなどして、素材の特徴に応じた遊びを考えている。

本単元について

単元の概要と育成を目指す資質・能力

本単元は内容⑸「季節の変化と生活」内容⑹「自然や物を使った遊び」に基づいて単元を構成した。内容構成の具体的な視点としては、「イ　身近な人々との接し方」「キ　身近な自然との触れ合い」「ク　時間と季節」「ケ　遊びの工夫」を位置付けている。本単元においては、身近な生活に関わる見方・考え方を生かして学習活動を展開し、一人一人の資質・能力の育成を目指していく。それは、身近な自然、季節や行事に目を向け対象を捉え、自分なりに働きかけ、自分の生活を楽しくしようという思いや願いをもって活動することである。本単元では、校庭や裏庭、1学期に遊んだ公園を散歩し、やってきている小さな秋を見付け、季節の変化を感じられるようにしたい。そして、専門家と出会い、お宝を拝見させてもらい、秋の楽しみ方を学び、交流のきっかけにする。次に、校庭や公園、通学路、家庭で落葉や木の実などの秋のお宝収穫を促し、自分の諸感覚を働かせ素材に深く関わりながら遊びや楽しみ方を発見するようにしたい。最後に、上級生を招待する計画により、楽しみながら思い出に残る秋を実感する。

単元の目標

秋らしさを身に付け、秋らしい遊びを工夫することを通して、変化する秋の特徴に気付き、友達と秋を楽しみながら、楽しい生活を送ることができるようにする。

5・6・7時	8・9・10時
第3小単元（展開②） 自分たちが作った遊ぶ物や身に付ける物、飾りなどを作ったり遊んだりしながら秋を楽しむ。	**第4小単元（終末）** 上級生を招待して、秋いっぱいの国で一緒に遊んで楽しむ。
5．6．7．「秋いっぱいの国」を作ろう、遊ぼう 自然物の素材を生かして遊ぶ物や飾る物、身に付ける物などを作る。「とっておきの秋とは？」を考えることで、より美しかったり、楽しかったり、わくわくうきうきする秋の国を目指すことを意識する。そのイメージをもって、作っては遊び、遊んでは作り変えるを繰り返しながら、工夫し、遊びを楽しむようにする。	**8．「秋いっぱいの国」に招待しよう** 上級生を招待する計画を立てる。招待するために必要な遊びの説明やルールづくり、場所のレイアウトを考える。 **9．「秋いっぱいの国」で遊ぼう** 「秋いっぱいの国」のコーナーの特徴や遊びを自分たちの言葉でPRしたり、「秋いっぱいの国」の感想や気付きをもらったりするとともに「秋の面白さ」「秋の不思議さ」を実感できたかシールを貼るコーナーを設置し、評価を得る。 **10．「秋と遊ぼう」を振り返ろう** 単元全体の活動の様子の写真を見せながら、季節の変化の面白さなどについて振り返る。
☺秋の素材を生かして、遊んだり飾ったりする物を繰り返し作ろうとしている、 ✏☝遊ぶ物を作ったり遊んだりしながら、素材の面白さや自然の不思議さに気付いている。	☺秋の特徴や秋のよさを生かして毎日の生活を楽しもうとしている。 ✏秋の季節の変化と自分たちの生活に関わりがあることに気付いている。

【評価規準】✏…知識・技能　☝…思考・判断・表現　☺…主体的に学習に取り組む態度

本単元における主体的・対話的で深い学び

本単元では、2学期始まって間もない時期に、子供たちと校庭や裏庭、公園へ散歩に出かけ、小さい秋見つけを設定する。すると、通学路や家庭生活の中にも秋を感じる事柄が出現していることに気付くようになる。自分の見付けた小さい秋をタブレット端末で写真に撮り、学級のみんなに紹介させることで、情報の交流が始まる。

そこで、地域の秋探し名人との出会いの場を設けることでさらなる意欲付けとなる。木の実や葉などたくさん集めた秋のお宝を並べたり、触ったり、音を出してみたりして、素材と深く関わる時間を設定したい。そうすることで、素材を比較したり、分類したり、何かに見立ててみたりして思考できるようにしたい。子供たちは「形や大きさが一つ一つ違うね」「赤い小さな実をたくさん並べてみると宝石に見える」など言葉を交わしながら、素材の特徴を楽しむであろう。それらの活動から遊ぶ物や飾る物、身に付ける物などを作る活動に広がり、上級生を招待することでもっと工夫して一緒に秋遊びを楽しみ、生活を豊かにすることにつながる。

本時案

秋一番を見付けて紹介しよう

本時の目標

校庭や裏庭、1学期に遊んだ公園を散歩しながら、秋一番を探し、友達に紹介する活動を通して、季節が秋へと変わり始めていることに気付くことができる。

資料等の準備

・1学期の校庭や裏庭、公園の様子を撮影した写真
・児童用タブレット端末
・植物図鑑や昆虫図鑑（子供が調べたいときに使えるように）
・学習カード 1-6-1

主体的な学びの視点からの授業改善

➡環境構成の工夫

point 1 校庭や裏庭、公園には事前に教師が行って、秋一番を見付けておき、子供たちが見付けやすいようにその場に教師が立ってみたり、1学期の写真を見せたりしながら「秋が来ていないかな？」と投げかける。例えば、小さなドングリがついている場所やセミではなくコオロギが鳴いているなど。

point 2 1年生でもタブレット端末を一人1台ずつ持つと、秋一番を写真に収めようと夢中で探すことができる。その場で友達同士見せ合って交流ができ、友達が探した秋一番を自分も見付けたいという意欲につながる。

授業の流れ ▷▷▷

1 1学期の校庭や裏庭、公園に秋は来ているか予想する

秋はもう来ているかな

「秋で思い浮かぶことは？」と問い、イメージを出し合った後、1学期の校庭や裏庭、公園の様子の写真を見ながら、「秋は来ているのかな？　まだかな？」と投げかけ、来ているとすればどこかなど、予想する。

2 秋一番を見付けよう

コオロギを見付けた！

校庭や裏庭へ行き、子供たちの予想で一番多かったものについて1学期の写真と比べながら教師と一緒に確かめてみる。その後で、それぞれがタブレット端末を持って秋一番を探して回る。教師は子供たちが見付けた物が分かるように大きな声で紹介する。

環境構成のイメージ　タブレット端末の活用

point 2

1人1台のタブレット端末を活用し、各々のデータを集めて提示する

3 秋一番を紹介しよう

大きなクヌギを見付けたよ
どこで見付けたの？

写真に撮影した秋一番を友達に紹介したり、紹介してもらった物を自分でも見付けたりする。「学校に行く途中でも同じ実があったような」というつぶやきは、取り上げてしっかり称賛しておくと、その日からの登下校でも見付けようという意欲付けになる。

期待する子供の反応

秋一番を見付け、季節の変化に気付く。

1 **[導入]**
もう秋が来ているのかな。まだかもしれない。どんぐりはまだ落ちていないかもしれないな。

↓

2 **[展開]**
あれ？　ドングリの木に小さなドングリが生まれてるんだ。すごいなあ。

↓

3 **[まとめ]**
草むらからコオロギの鳴き声がしたよ。録音したから聞いて。他の場所にも秋がやってきているか見付けよう。

本時案

秋のお宝拝見！

本時の目標

地域の博物館や植物園、草花などに詳しい地域の専門家に秋の草花や虫について聞いたり、お宝を見せてもらったりする活動を通して、秋を探ろうとしたり、秋を楽しもうとしたりすることができる。

資料等の準備

・博物館や植物園の専門家に聞いて集めた資料や写真。
・地域の人が作成した押し花やカズラや木の実などを使って作った作品
・お手紙シート
・学習カード 1-6-2 
・お礼の手紙の便せん

主体的な学びの視点からの授業改善

➡活動の工夫

point 1 地域には秋の草花や虫に詳しい専門家もしくは博物館や植物園などの専門家がいる。学校支援ボランティアなどの人材バンクから探しておき、事前に担任が専門家に会い、子供がやってみたい聞いてみたいと思われることを聞いておく。

point 2 学校に専門家を招聘し、作品や映像などを見せてもらったり、体験させてもらったりすることで、秋の楽しみ方があることを知る。

ここでは、秋見付けを楽しむだけでなく、秋の物を使って生活を豊かにできることを専門家と子供たちが対話を楽しみながら見出し、子供たちが自分にもできることを見付けられるようにする。

授業の流れ ▷▷▷

1 地域の専門家の方と出会う

地域の専門家に登場してもらう前に、専門家の秋のお宝（例えば、落ち葉を使ってかいた絵など）を簡単な映像でまとめておいたり、実物を提示したりすることで、子供たちの興味・関心を高める。

2 専門家のお宝を見せてもらう

専門家のお宝の作品や実物などを見たり、実際に作る様子を見たり、体験したりすることで、専門家になぜ作品を作るようになったのか質問したり、秋の楽しみを聞いたりできるようにする。

活動：専門家の方との出会い

point 1

➡教師は事前に専門家と打合せを行い、子供たちのこれまでの経験（春・夏での活動など）や初めて目にする素材や作品などを共有する。

point 2

➡秋の素材を使った作品を事前に見せてもらうことで秋の探し方や季節の楽しみ方を学び、次時への意欲を膨らませる

3 専門家へのお礼のお手紙を書こう

専門家との交流後、一番心に残ったこと（作品）についてその理由と自分もやってみたいことを手紙シートに表現する。その自分のやってみたいことが次時への活動の意欲につながる。

期待する子供の反応

地域の専門家と出会い、秋を楽しもうとしている。

1 **［導入］**
地域の○○さんはどんなお宝を持っているのかな。早く見たいなあ。

2 **［展開］**
きれいな絵だな。あれ？全部秋の色に変わったお花や葉っぱで作ってある。私も作ってみたいな。

3 **［まとめ］**
押し花がとてもきれいでした。私も秋の葉っぱや花で作りたいな。

本時案

見付けた秋のお宝で遊ぼう

本時の目標

見付けた秋の素材を触ったり、音を出したり、並べたりする活動を通して素材とじっくり関わり、素材の特徴を捉え、素材を生かした遊びを考えることができる。

資料等の準備

- 子供が見付けた秋の木の実、木の葉、草花、虫など
- 遊び図鑑や植物図鑑
- 実物投影機やデジタルテレビ
- 学習カード 1-6-3

主体的な学びの視点からの授業改善

➡環境構成の工夫

point 1 見付けた秋の素材に存分に触れさせたい。そこで、集めてきた秋の素材を机の上に広げながら、ドングリを一箇所に集めて並べ始めることで、同じドングリでも大きさや形、色の違いに気付きながら、自然の変化を感じられるように声かけをする。

point 2 秋の素材を並べ観察しながら、転がしたり、叩いて音を出したりする場面を捉えて「それを使って何をしたい？」「こまを作りたいと思っているのね」と価値付けをし、学習の方向付けをしていく。

この価値付けにより、子供たちがやってみようとしている活動を明確に意思し、活動への見通しをもつことにつながる。

授業の流れ ▷▷▷

1 秋のお宝がいっぱい集まりました

自分で集めた秋のお宝素材を机の上に出しながら、「このドングリは大きいよ。裏庭に落ちていたよ」などとどこで拾ったのかを話をしたり、「同じ物を拾った人はいるかな？」と全体に投げかけたりする。

2 机の上に広げてみましょう

子供たちが集めた物を机上に広げていくと、お宝の分類が始まる。仲間分けをしながら、同じドングリでも色や形、大きさなどの違いに気付くつぶやきや並べ方を工夫して遊びにつないでいこうとしている様子を価値付け、全体に広げる。

環境構成のイメージ　秋の素材の特徴がつかめる配置

（素材を大きさや形、色の違いで分類し机に並べる）

point 2
各コーナーで遊びながら、ドングリは大きさによって転がり方が違うことなどに気付く

3 作ったり飾ったりして楽しめそうだね

大きさによって転がり方が違うね

これまでの遊びの経験から「ドングリごまを作りたいな」「転がすとあっちこっちにいっちゃう」「くっつく実は緑色から茶色に変わっている」「コスモスの花びらは集めるときれいだね」など素材に触れることで出てきた遊びへの考えを尊重する。

期待する子供の反応

諸感覚を使って秋の素材にじっくり触れ、季節の変化や素材の面白さに気付く。

1 **［導入］**
いろいろ集めたよ。たくさん集めたよ。みんなは何を集めているかな。

↓

2 **［展開］**
ドングリは大きさだけでなく、形が違う物もあるよ。コスモスは秋に咲くんだ。花びらがきれいだね。

↓

3 **［まとめ］**
ドングリごまを作りたい。コスモスで押し花してみたい。

本時案

「秋いっぱいの国」を作ろう、遊ぼう 5-7/10

本時の目標

秋のお宝素材を使って作ったり遊んだりする活動を通して、秋の素材の面白さや自然の不思議さに気付くことができる。

資料等の準備

・自然素材や校庭
・身近な道具等（ラインカー、ロープなど）
・身近な用具等（段ボール、リボンや紐、布、など）
・学習カード 1-6-4
・学習カード 1-6-5
・製作例参照

深い学びの視点からの授業改善

➡板書の工夫

point 1 専門家との交流で得た専門家の秋の楽しみから、自分たちもとっておきの秋を探し表現する。「とっておき」という言葉のもつ意味を子供たちに考えた上で、作る物や遊びを吟味する。これが作りながら、自分たちの目標であり、評価になる。

point 2 自分の生活の変化と関連付けて考えられるように、教師は、春や夏に遊んでいた写真やビデオ（服装、日差し、音）、子供の絵日記を提示することで、比較できるようにする。秋の面白さや自然の不思議さへの発言を価値付ける。「夏の日差しは強かったけど、秋の日差しは気持ちよいから、葉っぱも色を変えて変身するんだね」などの素朴なつぶやきを拾い、関連付けて考えていることを認める。

授業の流れ ▷▷▷

1 作る活動の前に、活動範囲や使用する道具等について確認する

活動範囲は教室と限らず、子供たちが活動したい校庭の場所を確認しておく。必要な道具や用具等は、学校主事に相談できるように前もって打ち合わせておき、子供たちに伝えておく。校庭等で行う場合は「けがをしない、させない」に注意することを確認する。

2 とっておきの秋を見付けて、作ったり遊んだりして楽しもう

子供たちは自分の作りたい物（遊ぶ物や遊び場）を夢中で作り始める。しかし、とっておきの秋を見付けて表現することを投げかけ、「とっておき」について考えさせたい。そうすることで、さらに友達と相談したり、一緒に遊んだりしながら、とっておきを考え続ける。

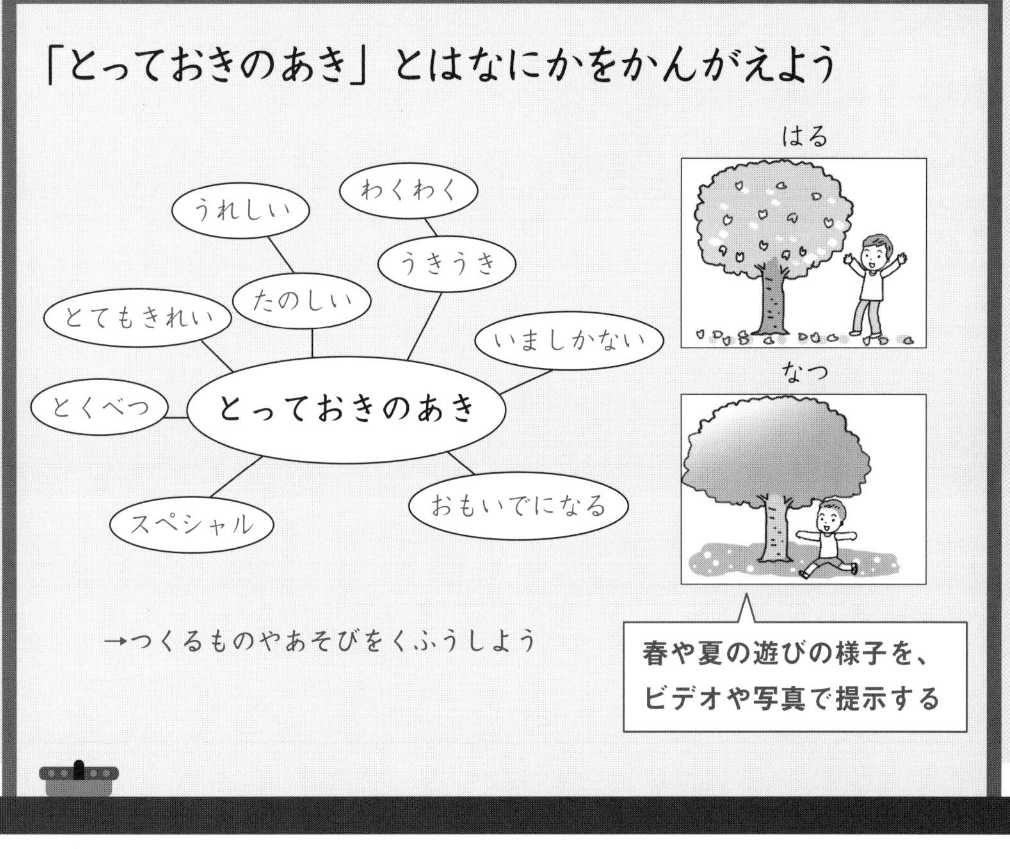

3 今日の活動を振り返る

この時間の終わりには、とっておきにふさわしい秋の物や場所ができあがっている。振り返りカードに、どこがどのようにとっておきなのかを書いて残しておく。うまくできた物や場所を「誰かに見てもらいたい」「一緒に遊びたい」というつぶやきを次時への意欲につなぐ。

期待する子供の反応

「とっておきの秋」を表現し、「秋いっぱいの国」を作って秋を楽しむ。

1 **[導入]**
○○が作りたいな。必要な道具は主事さんにお尋ねしよう。

↓

2 **[展開]**
この木の下は夏は緑の葉っぱをいっぱい茂らせて日陰だったけど、今は色が変わった葉っぱが落ちている。音で表したらどうかな。

↓

3 **[まとめ]**
すてきな曲ができたよ。いろいろな人に聞いてもらおう。招待しよう。

本時案

「秋いっぱいの国」に招待しよう

本時の目標

お世話になった２年生や６年生、学習でお世話になった専門家を招待する計画を通して、招待までにどんな準備や気を付けることが必要かなどを考えて準備することができる。

資料等の準備

・招待状を書く用紙
・ポスターを書く用紙
・遊びなどのルールを書く用紙と貼る看板
・遊びに使う材料（みんなに体験してもらうための材料）
・学習カード 1-6-6
・学習カード 1-6-7
・学習カード 1-6-8

対話的な学びの視点からの授業改善

➡板書の工夫

point 1 お世話してくれる２年生や６年生、学習でお世話になった専門家を招待するときのプログラムを決めたり、準備する物や教室の区割り、遊びのルールなどを全体で話し合ったりしながら、教師が黒板に板書し子供たちと確認する。

point 2 招待状に必ず書いておく項目（日付、曜日、場所、時間、見てほしいこと、伝えたい気持ちなど）について考えを出し合い、電子黒板等に板書しておくと実際に書くとき参照できる。

ここでの話合いにより、皆でアイデアを出したり、分担を考えたりと、皆に秋を楽しんで自分にもっとできることはないか、新たに考えるきっかけとなる。

授業の流れ ▷▷▷

1 上級生や専門家を招待するために準備することを決める

上級生や専門家を招待するプログラムをまずグループで考え全体に発表し、全体行うこととグループで行うことを分けて板書する。全体で準備する物について、どのグループが準備するかまで決めておく。

2 グループで準備する物を話し合って決め、準備する

全体で準備する物やグループの遊びで準備する物についてグループ内で分担して準備する。招待者に対して数が不足する場合も考えられるが、準備が難しい場合には遊び方を工夫するようグループ内で話し合い、解決できるようにするとよい。

しょうたいするけいかくをたてよう

◎プログラム　point 1

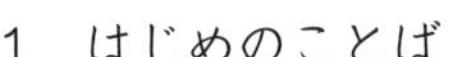

1　はじめのことば
2　あそびしょうかい
3　あそびのちゅうい
4　あそびタイム
5　かんそうこうりゅう
6　おわりのことば

それぞれのグループで

2～3人で

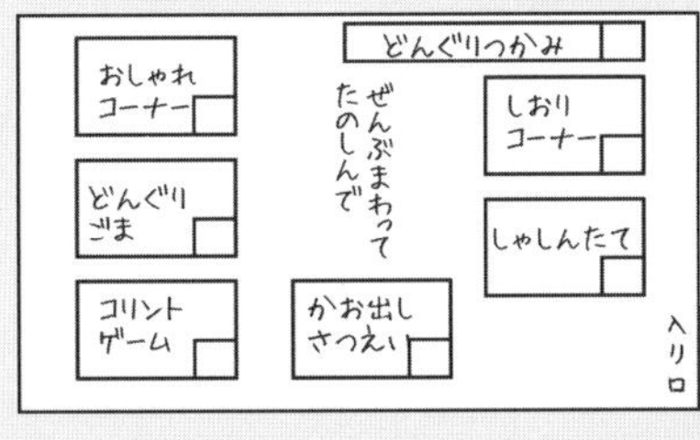

教室の区割りは、マップ化し、発表当日も掲示する

◎あそびのルール

1　いすにすわって、ならんでまつ。
2　あそびが一つおわったら、シールをはる。
3　あいさつをわすれない。

3 招待状を書こう

「おしゃれな秋に来てください」と書こう

招待状に必要な項目について子供たちに考え、出て来た項目を電子黒板に板書しておく。子供たちが実際に書くときに参考にすることができる。自分たちのグループの遊びを PR するフレーズ「ころがるあき」などを考えると秋と遊びが一体になる。

期待する子供の反応

上級生や専門家を招待して楽しく遊んでもらうための準備をしよう。

1 ［導入］

プログラムを作ったほうがいいな。グループで遊んでもらう数は足りているかな。遊び方のルールはこのままでよいのかな。

2 ［展開］

遊びのコーナー看板を作ろう。遊び方のルールを変えてもお客さんは楽しめるかな。

3 ［まとめ］

招待状に入れる PR フレーズを入れよう。

本時案

「秋いっぱいの国」で遊ぼう

本時の目標

招待者と一緒に遊ぶ活動を通して、みんなが秋と遊ぶ楽しさを感じたり、秋を楽しむことの面白さに気付いたりすることができる。

資料等の準備

・教室と校庭に立て看板
・秋の歌 BGM
・配付資料 1-6-9（「秋遊びめぐりんカード」。全部のコーナーを記載したカードで遊びコーナーを１つ回ればシールを貼ってもらえる）
・遊びに必要な材料や道具など
・学習カード 1-6-10
・記録用タブレット端末

対話的な学びの視点からの授業改善

➡活動の工夫

point 1 本時は招待者がいることから招待者に「あきの国」の遊びや特徴を伝え、提供した遊びが秋の面白さや不思議さを伝えられているかを投票や感想・気付き・質問を受けて交流することができる。

point 2 タブレット端末に記録した招待者が寄せた感想や気付き、投票結果をもとに、自分たちが伝えたかった「あきの国」の面白さや不思議さが伝わったかを皆で振り返る。

招待者から評価を受けることで、招待者との対話が生まれ、それを基に、自分たちの活動を客観的に見ながら、友達と交流できる。高評価により自信が生まれ、低評価には、課題が見付かり、さらに考えを深め、今後の活動につながっていく。

授業の流れ ▷▷▷

1 招待者に遊びのコーナーのめぐり方や待ち方を説明する

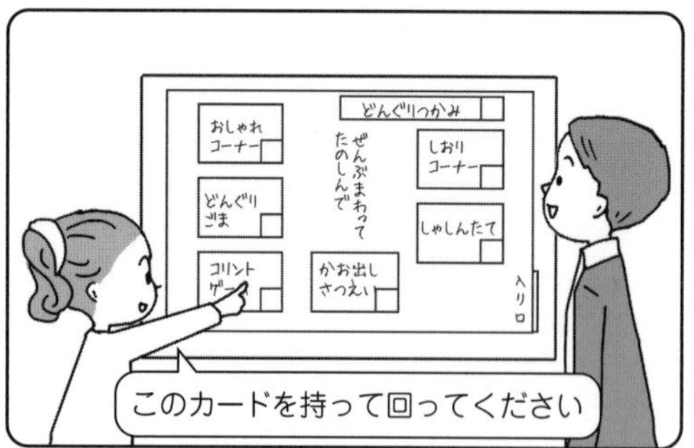

招待者を前にして、「秋遊びめぐりんカード」を持って各コーナーを回ってもらい、それぞれのコーナーで遊びなどの特徴を紹介することや秋の国でおもしろさや不思議さを伝えられたかをシールで貼って投票してもらい評価を得ることを説明する。

2 遊びの特徴を伝え、遊んでもらったり、感想や質問を得たりする

コーナーの特徴を自分たちの言葉で、交代で説明できるようにする。招待者には事前に活動のねらいを伝え、気付きや質問を積極的に子供たちに返してほしいことを伝えておく。招待者からの感想や気付き、質問をタブレット端末に友達と協力して記録しておくようにする。

3 「秋の国で遊ぼう」の活動を振り返る

面白かったし、不思議もいっぱいの秋だったね

招待者からの「秋の国で遊ぼう」の投票結果やタブレット端末に記録された感想や気付き、質問を基に、「秋の国で遊ぼう」活動の成果や「秋」についてのイメージを新たにしたり、疑問に思ったことを調べたりできるようにする。

期待する子供の反応

招待者に「秋の国」をめぐって遊んでもらい、評価をもらう。

1 **[導入]**
「秋の国」のそれぞれのコーナーでみんなに分かるように「とっておきの秋」をしっかり説明したいな。

⬇

2 **[展開]**
たくさん感想をもらったよ。質問があったから今度調べて答えよう。みんな「秋の国」を楽しんでいるな。

⬇

3 **[まとめ]**
とても楽しく遊べたよ。「秋の国」は不思議がいっぱいだ。

本時案

「秋と遊ぼう」を振り返ろう

本時の目標

これまでの活動を映像や学習カードを見ながら振り返る活動を通して、分かったこと、できるようになったこと、これからやってみたいことを振り返りカードにまとめ、自分の生活を豊かにしようとすることができる。

資料等の準備

・これまでの活動が分かる映像や写真、学習カードなど
・学習カード 1-6-11

深い学びの視点からの授業改善

➡板書の工夫

point 1 それまでの振り返りカードを残しておくことで、単元の最後の時間にそれらを読み返しながら自分の学習を総括し、振り返ることができる。活動の様子を教師が写真や動画に収めておき、スライドショーやムービーにして見せると具体的に想起することにもつながる。

point 2 「分かったこと」「できるようになったこと」「これからやってみたいこと」「友達ナイス！」をカードにして黒板に貼っておく。総括する際にそれらをキーワードとして活用することができる。子供たちが気付きを自由に出しながら、どの項目に当たるのかを教師が問い返し、板書していくことで、秋と自分の生活や活動の関わりを多角的に見つめることにつながる。

授業の流れ ▷▷▷

1 これまでの活動の様子を映像で見てみよう

映像を見ながら表出する子供のつぶやきをしっかり聞き、映像を止めながら「この活動を始めた理由は？」「このときは何を思っていたのかな？」など、子供たちが自分との関わりで考えられるよう問いかけをする。

2 これまでの学習カードを見ながら振り返ろう

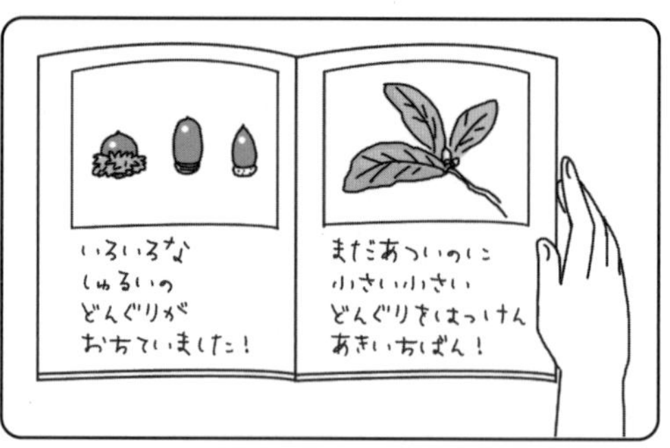

これまでの学習カードの記録を見ながら、四つのキーワード「分かったこと」「できるようになったこと」「これからやってみたいこと」「友達ナイス！」について振り返りカードにまとめる。「友達ナイス！」は、書いて友達本人に直接伝えるようにする。

「あきとあそぼう」をふりかえろう

◎わかったこと
- みんなによろこんでもらえてうれしかった
- つくってあそぶのがたのしかった
- あきやしぜんは、ふしぎ
- あきのくにはきのにおいがした。きもちいい
- あきの木→いろいろないろ みどり、ちゃいろ、あか
- 木の実→いろいろなかたち

◎できるようになったこと
- あなあけ
- せつめい
- あいさつ
- かたづけ

◎これからやってみたいこと
- どんぐりこま
- がっこうにさくひんをかざる
- せんせいにならって、おしばなをつくる

point 1

振り返りのキーワードはワークシートにしておき、毎時間、同じ項目で振り返りを行う

友だちナイス！

point 2

「てつだうよ」とこえをかけてくれた

せつめいがじょうず

3 学習全体を終えて交流しよう

「とっておきの秋」が成功して「最高な秋」に変化したよ

本単元の学習全体で「分かったこと」「できるようになったこと」「これからやってみたいこと」を全体で交流する。子供の発言をよく聞きながら関連付けて考えていることや自分のよさや活動の手応えについての発言は取り上げ、価値付けしながら全体に広める。

期待する子供の反応

単元全体を振り返り、季節の変化や自分自身の成長に気付く。

1 ［導入］

夏の終わりには秋がやってきていたね。ドングリごまで楽しく競争したね。

2 ［展開］

「○○さんはドングリに穴をあけるのがとてもじょうずだったよ。ナイス！」

3 ［まとめ］

ドングリごまの芯棒の長さ研究で分かったことがあったね。上級生にきちんと説明できたよ。秋と遊んで友達と仲よくなったね。

7 にこにこいっぱい大さくせん

16時間

【学習指導要領】 内容(2)家庭と生活

1時	2・3時	4時	5時	6時	7時
第1小単元（導入） 自分や身近な人々の「にこにこ」について考えることを通して、家の人の「にこにこ」に興味をもつ。			**第2小単元（展開①）** 家の人がどんなときに「にこにこ」になるかを考え、家の人を「にこにこ」にする活動に意欲をもつ。		
1．「にこにこ」するときはどんなときか考えよう 自分や身近な人が「にこにこ」になるときを思い出し、どんなときに「にこにこ」になるのか考える。 **2・3．学校の「にこにこ」を見付けよう** 学校の「にこにこ」を自分なりの方法でできるだけ見付け、カードにまとめていく。 **4．見付けた学校の「にこにこ」を伝え合おう** 学校の「にこにこ」について交流し、家庭の「にこにこ」に興味をもつ。 ☺自分や身近な人々の「にこにこ」になるときを思い起こし、「にこにこ」を見つけようとしている。			**5．家の人の「にこにこ」を探ろう** 家の人の「にこにこ」を見付け、それらやその理由をみんなで交流する。 **6．家の人の「にこにこ」の理由を探ろう** インタビューをして、家の人がどうして「にこにこ」になるのか探り、カードにまとめていく。 **7．家の人の「にこにこ」の理由を考えよう** 家の人の「にこにこ」の理由を考え、家の人の笑顔を増やしたいという思いをもつ。 ✐家庭には様々な役割があり、家の人の「にこにこ」には自分が関わっているものがあることに気付いている。 ☝家の人の「にこにこ」と自らの存在とを関連付け、その理由をカードにまとめている。		

本単元について

単元の概要と育成を目指す資質・能力

本単元は、学習指導要領の内容(2)「家庭と生活」を基に単元を構成し、内容構成の具体的な視点としては、「ア　健康で安全な生活」「イ　身近な人々との接し方」「コ　成長への喜び」を位置付けて単元を構成している。本単元においては、身近な生活に関わる見方・考え方を生かして学習活動を展開し、一人一人の資質・能力の育成を目指していく。それは、家庭における自分の生活や役割に目を向け対象を捉え、家族の一員としてよりよい生活をしようという思いや願いをもって活動することである。

そのために、本単元では、自分や身近な人々がどんなときに笑顔になるかを探る活動から始め、人の喜ぶ理由についてつかむ。それを基に「にこにこ大作戦」を計画し、家の人を喜ばせる作戦を考え、試したり、工夫したりしながら継続的に活動を行う。その中で、家庭生活での役割や、家の人の喜びには自分が関わっていることに気付けるようにしたい。最後の振り返りでは、家庭のよさを実感するとともに身近な人々に感謝し、今後も継続してよりよい生活が送れるようにしていきたい。

単元の目標

自分や身近な人々が「にこにこ」になるときについて考えたり聞いたりして、それを基に家の人が「にこにこ」になるときを増やす計画を立て、試行錯誤しながら実行する活動を通して、家庭での生活はお互いに支え合っていることが分かり、家庭のよさに気付いたりしながら、規則正しい生活を送ったり、自分の役割を積極的に果たしたりすることができるようにする。

※子供の家族構成や家庭生活はそれぞれ異なるので、本単元では各家庭の差異とプライバシーには十分に配慮し、安心して学習できる環境を第一に考える。家庭の理解と協力を得ることが不可欠である。

8時〜12時	13時〜15・16時
第3小単元（展開②） 家の人を「にこにこ」にするための作戦を工夫して実行しようとする。	**第4小単元（終末）** 実行した活動を振り返り、これからも自分でできることを行い、よりよく生活しようとする。
8.「にこにこ大作戦」の準備をしよう 家の人に「にこにこ」してもらうには何が大切か考える。 **9.「にこにこ大作戦」の計画を立てよう** 「にこにこ大作戦」の計画を立てる。 **10.「にこにこ大作戦」を実行しよう** 作戦を実行し、報告書にまとめる。 **11.「にこにこ大作戦」の中間報告会をしよう** 実行したことを交流し、よりよい作戦を考える。 **12. さらに工夫をして「にこにこ大作戦」を実行しよう** さらに工夫を加えて作戦を計画し、実行する。 ☝これまでの活動を参考に、様々な視点から「にこにこ」を増やす計画を立て、実行している。	**13.「にこにこ大作戦」の結果を振り返ろう** 作戦の様子や自分自身の成長や家の人との関わりについて思ったこと、考えたことを報告書にまとめる。 **14.「にこにこ大作戦」の結果を報告しよう** 結果の報告として、思ったことや考えたことを交流する。 **15・16. 家の人に思いを伝えよう** 家の人の思いを知り、分かったことや考えたことを交流した上で、自分も手紙を書く。 ✎家庭ではお互いに役割があって支え合っていることや、家庭のよさに気付いている。 ☺今後も自分の役割を積極的に果たし、規則正しい生活を送ることで、楽しく生活しようとする。

【評価規準】✎…知識・技能　☝…思考・判断・表現　☺…主体的に学習に取り組む態度

本単元における主体的・対話的で深い学び

本単元では、家庭と関わることが大切である。まず、第1・2小単元では、自分や身近な人々が笑顔になるときや理由を、1年生ならではのよさを生かし、自分から楽しんで探る活動にしたい。人が笑顔になる理由について分かってきた子供たちは、その笑顔を自分がつくりたいという思いをもつ。そこでさらに積極的に家庭と関わることができるように、第3小単元では「にこにこ大作戦」の計画を立て、実行する。計画作成及び実行時には、「家族を喜ばせたい」という子供の思いや願いを存分に発揮できるよう配慮し、子供が主体的に活動を進められるようにする。また、一人での活動が多くなるため、活動の交流や相談ができる場を設定し、お互いの取組を知ったり対話の中から自分の課題を解決したりできるようにする。さらに、活動を継続して行えるよう、成果が見えやすいワークシートを準備し、振り返りながらよりよい活動にしていきたい。最後には、家庭のよさや活動の満足感、成就感を味わえるようにしたい。

本時案

「にこにこ」するときはどんなときか考えよう

本時の目標

自分や身近な人々が笑顔になるときを思い出すことを通して、「にこにこ」への興味を高め、たくさんの「にこにこ」を見付けようとすることができる。

資料等の準備

・タブレット端末
・子供が「にこにこ」している写真
・学校の教職員など子供以外の人々の「にこにこ」している写真

主体的な学びの視点からの授業改善

➡板書の工夫

point 1 今回は自分の「にこにこ」を探しながら、自分や他者の「にこにこ」に興味をもたせたい。特に低学年の子供は自分のことほど分かりづらいので他の教職員の「にこにこ」の写真を準備するなど視覚ではっきりわかるようにし、「もっと見付けたい」という思いをもたせる。

point 2 「にこにこ」もがどのような状況で生まれるのかが、次の学校の「にこにこ」集めや後の大作戦の活動のヒントになるので「誰が」「誰と」「何をしているとき」などを板書で明示しながら進め、子供がねらいをもって次の活動ができるようにする。

授業の流れ ▷▷▷

1 「にこにこ」に興味をもたせる

タブレット端末と、それで撮った写真を見せ、「写真を撮ってきたよ」と子供の「にこにこ」や教職員の「にこにこ」しているときの写真を見せ、どうして「にこにこ」しているのかを考えさせる。

2 「にこにこ」している自分や身近な人々について思い出す

「どんなときに『にこにこ』するのかな」と交流し合う。その際、「誰が」「誰と」「何をしているときか」「どんな気持ちだからか」などを共有し、他の「にこにこ」を探す視点になるようにする。

「にこにこ」するときはどんなときか　かんがえよう

point 1

もっとがっこうの「にこにこ」
をみつけたい

point 2

おにごっこをする
ドッチボールをする

子供の「にこにこ」
写真を掲示する

えをかく
きゅうしょくをたべる

あいさつをする
おしゃべりする
ほめてもらう

3 もっと「にこにこ」を見付けたいという思いをもつ

○○先生はいつもにこにこしているよ
確かめてみたい！

交流する中で「にこにこ」がたくさんあることや、知らなかった「にこにこ」の存在に気付き、「実際に『にこにこ』を見てきたい」という思いをもつようにする。そして、「学校の『にこにこ』を見付けてくる」というめあてがもつことができるようにする。

期待する子供の反応

自分の「にこにこ」を思い出し、自分や身近な人々の「にこにこ」に興味をもつことができるようにする

1 ［導入］
どんなときに「にこにこ」してるんだろう。誰かと遊んでいるときかな。

2 ［展開］
友達の話を聞いていたら他にもありそうだな。

3 ［まとめ］
他の人の「にこにこ」もいっぱいありそう。もっと学校の「にこにこ」を見付けたいな。

本時案

学校の「にこにこ」を見付けよう

本時の目標

学校の「にこにこ」をたくさん見付け、まとめることを通して、周りの人が「にこにこ」するときや場面に関心をもち、その姿を探ろうとすることができる。

資料等の準備

・学習カード 1-7-1
（「にこにこいっぱい」あつめカード）
・学習カード 1-7-2
（「にこにこいっぱい」あつめカードミニ）
・カードの台紙となる色画用紙

主体的な学びの視点からの授業改善

➡活動の工夫

point 1 本時では、指導者が強引に「こうしよう」と指示を出すのではなく、見付け方などを含めた活動計画を話し合うことで、子供自身が目的をもって活動できるようにする。約束事も話し合い、自分から節度をもって対応できるようにする。それら子供の思いや考えを、事前に他の教職員に話して協力を促しておき、活動しやすいようにする。

point 2 多くの「にこにこ」を見付け、人がどんなときに笑顔になるのか意識できるようにする。そのため、カードは「にこにこ」を見付けてすぐに書けるものを用意する。台紙に貼っていくことによって、「にこにこ」を集める意欲にもつながる。台紙の名前は子供に決めさせてもよい。「にこにこいっぱいブック」「にこにこアルバム」など。

授業の流れ ▷▷▷

1 どのように「にこにこ」を見付けてくるか話し合う

タブレット端末を使っていつ、誰の、どんな「にこにこ」を見付けてきたいか、どんな風に見付けてくるかを話し合い、子供のわくわく感と主体性を引き出し、約束事も一緒に決めるようにする。

2 「にこにこ」見付けをしに行く

学校内の「にこにこ見付け」に行く。関係者には授業前にあらかじめ、学習の意図を伝え協力をしてもらえるよう共通理解しておく。その上で他の授業の邪魔にならないように約束事を守って探しに行く。見付けた「にこにこ」は友達と同じでもよい。

活動：学校の「にこにこ」をたくさん見付ける

point 1

➡自分の考えた見付け方で状況に合わせて「にこにこ」を探したり、休み時間など探したいときに探したりできるように、教職員等に対応の仕方を伝え、スムーズに活動できるようにしておく。また、写真を撮影する際には、相手にその旨を伝え、許可を得てから撮影するようにする。

point 2

➡見付けたことをすぐにカードに書けるようにし、台紙に貼ってためていけるようにする。

3 見付けた「にこにこ」をカードにまとめ、集めていく

見付けた「にこにこ」の写真を参考に相手の表情や何をしているかなどをカードに書きまとめる。手順が分かったら、休み時間なども「にこにこ」を見付けてカードが書けるようにしておき、色画用紙などに貼って集めていけるようにする。

期待する子供の反応

学校の人々の「にこにこ」を意欲的に見付けてカードに表現する

1 **[導入]**

誰の「にこにこ」を見付けてこようかな。とっても楽しみだな。

⬇

2 **[展開]**

先生の「にこにこ」も見付けたし、友達の「にこにこ」も撮ったぞ。

⬇

3 **[まとめ]**

○○先生は私たちが挨拶したら「にこにこ」になった。ひょっとしたら他の先生もかな。もっと見付けてカードを増やそう。

本時案

見付けた学校の「にこにこ」を伝え合おう

本時の目標

見付けた「にこにこ」を伝え合う活動を通して、「にこにこ」を見付けることのよさや楽しさを知り、家の人の「にこにこ」を見付けたいという思いをもつことができる。

資料等の準備

・にこにこマーク　２色

対話的な学びの視点からの授業改善

➡板書の工夫

point 1 本時の見通しと交流の仕方を明示し、子供たちが活動をスムーズに進められるよう配慮する。二人組での聞く視点や感想の話し方なども必要に応じて準備するとよい。

point 2 にこにこマークを使いながら子供たちの発言を板書していく。そうすると「にこにこ」は、自分が関わっていくことで生まれることが視覚的に分かり、今後につなげることができる。また、「誰が」についても整理しながら進め、他の人、特に家の人の「にこにこ」についても関心が生まれるようにする。

授業の流れ ▷▷▷

1 見付けた「にこにこ」について二人組で交流する

見付けた学校の「にこにこ」を二人組で交流する。２グループに分かれ、前半に話をする人と後半に話をする人に分かれ、たくさんの人と話をし、交流ができるようにする。聞き手は質問や感想を必ず返すようにする。

2 学校の「にこにこ」について学級全体で交流する

みんなに紹介したい「にこにこ」や気になった「にこにこ」、感想や疑問を学級全体で交流する。そのときに、２色のマークで「自分」「相手」を示す。自分が関わることで相手が「にこにこ」したら二つとも貼って視覚的に分かるようにする。

みつけた　がっこうの「にこにこ」を　つたえあおう

point 1

見とおし
① ふたりぐみでこうりゅう
さき　ぜんはんの人　おはなし
１０分　こうはんの人　きく
あと　ぜんはんの人　きく
１０分　こうはんの人　おはなし
② ぜんたいこうりゅう１５分
③ ふりかえり　かく１０分
こうりゅう５分

おはなし　○○さんは～しているとき
「にこにこ」していました。
～だと思います
かんそう　おなじで　ちがって　なぜ
なるほど　おもしろい　すてき
○○したい　わかった　おどろき

point 2

せんせい

あいさつしたら
○○せんせいも
にこにこ

子どもとあそんで
いて○○せんせい
にこにこ

みんながかんばって
せんせいにこにこ

ともだちやせんせい
いがいの人

○○さんがドッチボールをして

○○さんがきゅうしょくをたべて

かけっこでかって

おねえちゃんがうさぎのせわをしていて

ほかにも「にこにこ」がありそうだ
おうちの人の「にこにこ」をみつけたいね

3 振り返りから家の人の「にこにこ」を見付けるめあてをもつ

お家でも「にこにこ」してる？
お父さんもいっぱい「にこにこ」するよ

振り返りから家の人の「にこにこ」を見付ける意欲をもつことができるようにする。例えば、学校にいる兄弟のエピソードなどを取り上げ「お家では？」などと問いかけるとよい。「見付けてきたい！」と思えたら学校の「にこにこ」と同じ手順で見付けてくるようにする。

期待する子供の反応

学校の「にこにこ」見付けについて交流する中で、その楽しさを理解し、家庭でも見付けたいという意欲をもつ。

1 [導入]
いろんな「にこにこ」があるな。みんなたくさん見付けたんだね。

2 [展開]
○○さんの「にこにこ」を紹介したいな。みんなの「にこにこ」もいいね。

3 [まとめ]
学校の「にこにこ」見付けは楽しかったな。家にもたくさんありそうだから探してみたいな。

本時案

家の人の「にこにこ」を探ろう

本時の目標

家の人の「にこにこ」を見付ける活動を通して、家の人が「にこにこ」になる理由を探ろうとすることができる。

資料等の準備

・学習カード 1-7-1〜1-7-2

主体的な学びの視点からの授業改善

➡活動の工夫

point 1 保護者会やおたよりなどで予め協力を得られるように家庭に働きかけておく。「はじめは観察を中心にし、次第にインタビューをするので答えてほしい」などと具体的に伝えておくとよい。その後の活動でも、その都度説明をするなど家庭に協力を呼びかけていくことが子供の活動の質を高め、自ら働きかける姿につながる。

point 2 学校の「にこにこ」見付けと同じようにすることで、家庭でも安心して活動を進められるようにする。活動後は二人組で発見や思いを伝え合ったり、相違点を見付けたりする等のやり取りの中で、様々な疑問や発見が生まれるようにする。

授業の流れ ▷▷▷

1 家の人の「にこにこ」を見付けてくる

学校の「にこにこ」を探した手順で同じように家の人の「にこにこ」も見付け、カードに書きためていく。誰の「にこにこ」を見付けてきてもよい。一定期間見守りながら、いろいろな「にこにこ」をしっかり見付けてこられるようにする。

2 友達と交流し、家の人の「にこにこ」の理由に興味をもつ

学校の「にこにこ」を交流したときと同じように二人組で交流し、後に全体で交流する。その際、感想だけでなく特に疑問を交流し、どうして「にこにこ」するのかという課題をもてるようにする。

活動：家庭からの協力とペアの組み方

point 1

➡今後の活動の流れを保護者会やおたよりで意図や具体的な活動を伝えておく。家庭での活動があるごとにおたよりなどで知らせていくとよい

① 「にこにこ」見付け
② 「にこにこ」インタビュー
③ 「にこにこ実験」
④ 「にこにこ大作戦」
⑤ 子供へのお手紙
⑥ 子供からの手紙
⑦ 単元終了後の継続的な活動

point 2

➡二人組は同じやり方にこだわらず、隣同士など、じっくり話ができる形態にする

3 家の人の「にこにこ」の理由を聞いてきたいという思いをもつ

「にこにこ」の理由を調べる方法について話し合い、家の人にインタビューしてくることを共通理解する。インタビューするためにどんな準備が必要かを考え、練習することやマイクを準備するなど子供の発想を大切にし、「インタビューしたい」という気持ちを高める。

期待する子供の反応

家の人の「にこにこ」を見付け、それらを交流することで、「にこにこ」する理由に興味をもっている。

1 **[導入]**
家の人の「にこにこ」をたくさん見付けてくるぞ。

⬇

2 **[展開]**
家の人の「にこにこ」もいろいろあるけど、確かになんで「にこにこ」しているんだろう。

⬇

3 **[まとめ]**
「にこにこ」の理由をインタビューで聞いてきたいな。楽しみだな。

本時案

家の人の「にこにこ」の理由を探ろう

本時の目標

インタビューの準備や活動を行い、分かったことをまとめる活動を通して、家の人が「にこにこ」する理由を自分や家族との関わりで考えることができる。

資料等の準備

・マイク作りの材料
（新聞紙、トイレットペーパーの芯、折り紙など）
・学習カード 1-7-3 
（インタビューカード）

主体的な学びの視点からの授業改善

➡環境構成の工夫

point 1 インタビューする前に先に家庭に働きかけておき、子供がスムーズにインタビューできるようにしておく。

point 2 インタビューすることが決まったらマイクを作る。トイレットペーパーの芯などを活用し、製作する。道具があることで「インタビューをしたい」という子供たちの意欲が増し、家庭での主体的な活動へつなげることができる。

point 3 カードは教室に常時準備しておいて、インタビューしてきたときに書けるようにする。カードには「誰」「どんなことをしているとき」「にこにこの理由」を順に書くようにする。

授業の流れ ▷▷▷

1 インタビューに向けて準備する

マイクを作り、インタビューの仕方を練習してみる。実際に理由を聞くときのやり取りの仕方を二人組で練習をする。最初の声かけや、お礼の言い方も行う。

2 実際に家庭でインタビューを実行してくる

あらかじめ家庭にインタビューの意図を伝えておき、子供が様々な場面でインタビューができ、答えてもらえるようにしておくことで、子供が意欲的に活動できるようにする。

環境構成のイメージ　インタビューの前の工夫

point 1

インタビューする前には、「子供が元気であることや子供が頑張ること、子供と関わりがあることなどが『にこにこ』につながっている」ということを子供に気付かせることがねらいであることを家庭におたよりなどで知らせておくとよい。

point 2

（手作りマイク）

マイクを作る時間がない場合は指導者が作って渡してもよい。

point 3

学習カード  1-7-3
（インタビューカード）

あるいは、これまでに行った「にこにこ」見付けの学習カードを左側に貼り、それを基にインタビューをしてくるとよい。

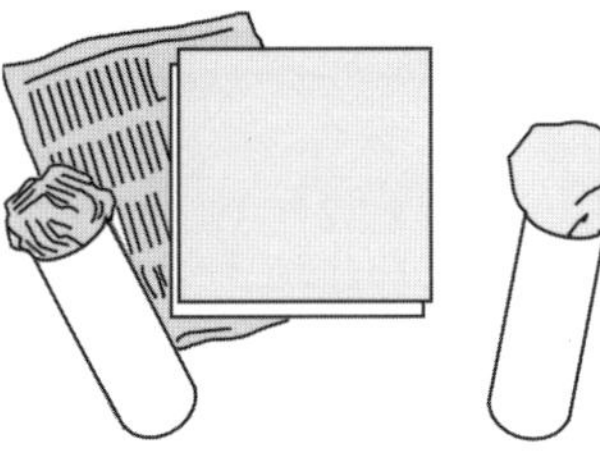

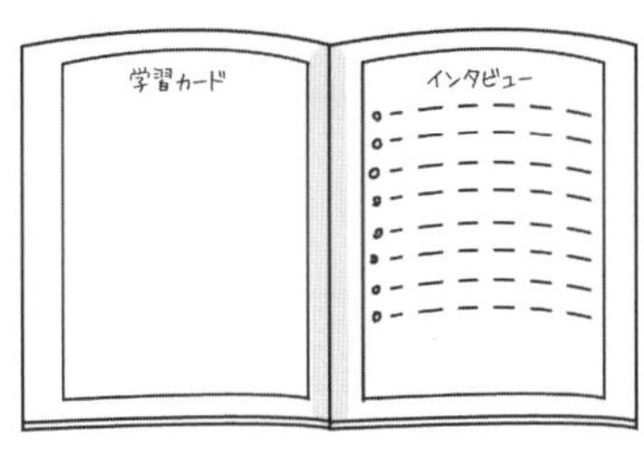

3 家の人にインタビューしたことをカードにまとめる

いろいろな気持ちが分かって楽しいな

インタビューは一定期間行えるようにし、家の人へのインタビューについてまとめられるカードを用意する。記憶の新しいうちにインタビューについて書けるよう授業時間以外でもカードを教室に常備しておく。

期待する子供の反応

家の人にインタビューしたことをカードにまとめる

1 **［導入］**
インタビューの仕方があるんだね。なるほど。うまくいきそうだ。

2 **［展開］**
お父さんは私の顔を見てうれしいって。お母さんの「にこにこ」も私と関係あるかな。

3 **［まとめ］**
お父さんの「にこにこ」一つめの理由が分かった。もっと聞きたい。

本時案

家の人の「にこにこ」の理由を考えよう

本時の目標

家の人が「にこにこ」する理由を考えることを通して、自分が「にこにこ」に関わっていることが分かり、家の人の笑顔を増やし、喜びの気持ちがあふれるようにしようとすることができる。

資料等の準備

・学習カード 1-7-3
・にこにこマーク

深い学びの視点からの授業改善

➡板書の工夫

point 1 家の人の「にこにこ」はたくさんあり、その理由は様々であるが、にこにこマーク（色付き＝自分　色なし＝家族）を使いながらそれらを整理することで、自分と関わって家の人の笑顔が生まれていることに視覚的に気付くことができるようにする。

point 2 板書を見るなどして気付いたことを子供から聞く中で、家の人の愛情に気付いているものや、自分の存在が「にこにこ」させていることに気付いている発言を重点的に取り上げ、板書で明示する。そのことで、「家の人のために何かをしたい」という次の思いや願いを「にこにこ大さくせん」につなげることができる。

授業の流れ ▷▷▷

1 インタビューして分かったことを二人組で交流する

これまでと同じようにカードを使って分かったことや、その上で考えたことや思ったことを二人組で交流する。自分のものと似ているところや違うところ、感想などをお互いに話せるようにする。

2 全体で交流し、分かったことや考えたことを話し合う

ぼくたちが「にこにこ」させていることも意外と多いね

全体交流をする。自分が関わっていることと他の人が関わっていることとで意見を整理しながら、家の人の思いも板書し、家の人の「にこにこ」には、自分の存在や愛情などが関わっていることに気付けるようにする。

point 1

思ってくれてる

じぶんがなにかして

おとうさん
- おふろでわたしがたのしそうにはなすので
- ぼくといっしょにサッカーができたから

おかあさん
- わたしがしょっきをかたづけてくれてうれしい
- ぼくがおとうとなかよくしてくれているから
- しゅくだいをいわなくてもちゃんとしてくれてうれしい
- ぼくがただいまってぶじにかえってきてうれしい

おじいさん
- わたしとおはなしできてうれしい

おばあさん
- マッサージしてくれてうれしい

おねえちゃん
- ぼくといっしょにあそんで楽しい

いもうと
- ぼくのお話がおもしろくて楽しい

ほかのことで

おとうさん
- いもうとをおふろにみていてかわいくて

おばあさん
- テレビがおもしろくて

お兄ちゃん
- ゲームがクリアできてうれしい

なにかしてもっと「にこにこ」をふやしたい　point 2

しんぱいしてくれてる

しょっきをかたづけるとぜったい「にこにこ」

にこにこ大さくせんをしよう！

3 家の人を「にこにこ」にしたいという思いをもつ

私が食器を片付けると「ありがとう」って「にこにこ」になるよ

自分が関わる「にこにこ」に着目する中で、自分たちが家の人を「にこにこ」させられる可能性があることを自覚し、家の人を「にこにこ」させたいという思いや願いをもてるようにする。

期待する子供の反応

家の人に「にこにこ」する理由について聞き、自分との関わりに気付く。

1 **[導入]**
どうして「にこにこ」しているのかな。うれしいからかな。

↓

2 **[展開]**
なるほど。いろんな理由があるけれど、自分たちがすることに「にこにこ」していることが多いな。

↓

3 **[まとめ]**
じゃ、自分たちが「にこにこ」させられるってこと？　できるかな？　でも、やってみたい！

本時案

「にこにこ大作戦」を計画しよう

本時の目標

「にこにこ大作戦」でやりたい活動を試す活動を通して、家の人を「にこにこ」にするためには何が大切かを考えることができる。

資料等の準備

・これまでの学習カード

主体的な学びの視点からの授業改善

➡板書の工夫

point 1 作戦のアイデアを「お試し」という形で安心して実行できるようにする。子供のやりたいと思うことをどんどんやってみられるように、ウェビングマップにして様々なアイデアをまとめていく。

point 2 ウェビングには、試してみたいことに加えて、実施する際に気を付けたいポイントもブランチとして伸ばしていくようにする。

授業の流れ ▷▷▷

1 「にこにこ大作戦」でどんなことをしたいか話し合う

これまでの活動を基に家の人を「にこにこ」させられそうなことをできるだけ出し合いアイデアを共有する。その中で、自分にできるか不安だったり、どれをやればよいか分からなかったりする子供の発言を認め、どうすればよいか考える。

2 お試ししてみることをクラス全体でアイデアを出し合う

試してみることをアイデアとして出し合い、黒板上にウェビングマップにしてまとめていく。自身の自立につながることや、お手伝いなど家庭の仕事に関わることなどを出し合い、実施する際に気を付けたいことも挙げていく。

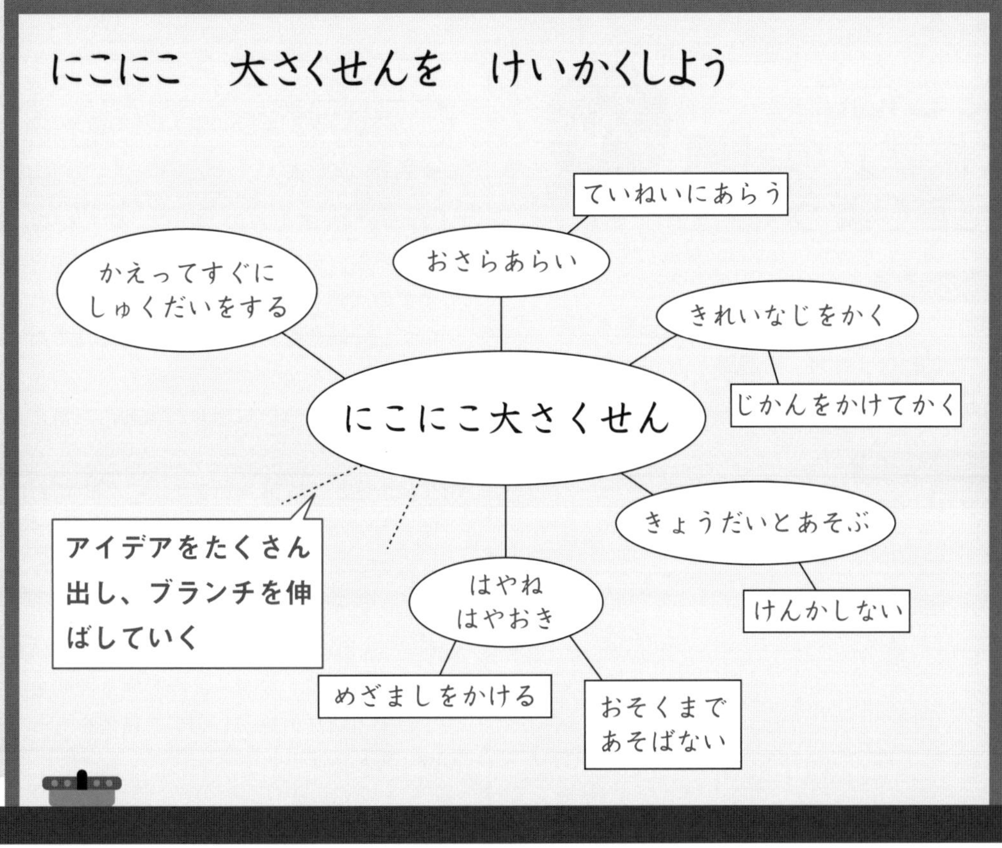

3 お試しの内容を友達と交流し、意欲を高める

本当？　ぼくも試すから一緒に頑張ろう！

少人数でどんなことを試すのか交流し、お互いのよいところを褒め合ったり、アイデアを付け足したりし、実施に向けての自信につなげる。また、振り返りを行う中で意気込みを書くようにし、意欲をさらに高める。

期待する子供の反応

「にこにこ大作戦」に向けてやりたいことを考え、やってみたいという意欲をもつ

1 **[導入]**
どんなことをしたいかな。ちょっと不安だけどいろいろやってみよう。

↓

2 **[展開]**
やりたいことがたくさん思い付いた。他の人はどんなことをするのかな。

↓

3 **[まとめ]**
いろんな方法があるな。また、リストに付け足してやってみよう。楽しみだな。

本時案

「にこにこ大作戦」の計画を立てよう

本時の目標

お試ししたことについて交流する活動を通して、「にこにこ大作戦」の見通しを相手に応じたよりよい方法として立てることができる。

資料等の準備

・学習カード 1-7-4

対話的な学びの視点からの授業改善

➡活動の工夫

point 1 誰をどのように「にこにこ」させるのか、なぜその計画がしたいのかをこれまでの活動をもとに考える。学級で話し合う中で、一時的なものやお手伝いだけでなく、自分のことを自分で行う視点も入れながら、子供たちがねらいに即した活動に向かえるようにする。

point 2 「技術的に難しい」「時間的に無理」などの見送った方がよいものや、「頑張ればできそう」「うまくいっている」など継続した方がよいもの、友達のよいアイデアなどについて視点によって作戦を吟味し、必要に応じて相談しながら計画を練る時間をとることで、活動の見通しをもち自信をもって作戦に臨めるようにする。

授業の流れ ▷▷▷

1 実験の結果を交流し、作戦について話し合う

前時で出たアイデアをお試しした結果を交流しながら、「どんな作戦がよいか」を話し合う。二人組でよいところの確認やアドバイスの具体について多くの友達と交流する。様々なアイデアや作戦の意図に触れ、自分の計画はどうであるかを考えることができるようにする。

2 実験や交流を基に、「大作戦」の計画を立てる

「大作戦」の計画を立てる。まず全体でどんな作戦がよいか共通理解し、カードに書いていく。実行することは一人一つで十分だが、あまり負担が大きくならない程度に複数の計画も認める。隣の人や周りに座っている人など、近くの人と相談しながら決めてもよい。

活動：「にこにこ」してもらうための計画を立てる

point 1

➡全体での話合いで、継続的に続けられること・自分ができることに焦点が当てられるようにする。

point 2

➡友達との相談の中でよりよい計画になるよう、隣の人や近くの人、作戦が同じ人などと話せるようにする。

（くすぐったり、面白い顔で「にこにこ」させるのは違う！）

「自分のことは自分でやる」というのも、入れよう。
たしかに、それも大事だね。

3 「にこにこ大作戦」の計画を決定する

私は「自分のお部屋きれいに大さくせん」をします。自分の部屋ができたら他の部屋もきれいにしたらいいと思うからです

自分の計画を確認したり見直したりし、計画を決定して実行への自信と意欲をもてるようにする。本時の振り返りの時間などを利用してどんな計画をするのか発表し、意識を高めるとともに、お互いの取組を共有するとよい。

期待する子供の反応

「にこにこじっけん」の結果から「にこにこ大作戦」の計画を立てる。

1 **[導入]**
実験でうまくいったのは何だったかな。誰を「にこにこ」させようかな。

⬇

2 **[展開]**
友達の作戦もいい作戦だったな。これでうまくいくかな。

⬇

3 **[まとめ]**
しっかり見直したし、頑張ってやってみよう。うまくいかなくても「にこにこ」してもらえるまで頑張るぞ。

本時案

「にこにこ大作戦」を実行しよう

本時の目標

「にこにこ大作戦」を実行し報告書を書く活動を通して、家族の喜ぶ場面や自分の取り組み方など、やって分かったことや気付いたことをまとめることができる。

資料等の準備

・学習カード 1-7-5
・学習カード 1-7-6（報告書①）

主体的な学びの視点からの授業改善

➡活動の工夫

point 1 「にこにこ大作戦」を継続して実行できるように、振り返りカードを用意する。相手の表情、自分の満足度、一言感想などを残せるカードを用意し、それまでの状況を踏まえながら「にこにこ大作戦」に対する取組を工夫できるようにする。

point 2 短く交流する時間をもつ。友達に自分の考えを話すうちに、現時点での「大さくせん」への思いや願い、疑問がはっきりしてくる。すると、「ほかの友達はどんなことをしているのか。もっと聞きたい」という興味がわき、中間報告を行う必然性が生まれる。そこから、自分の思いを報告書に書いて交流する活動をしていきたい。

授業の流れ ▷▷▷

1 毎回、振り返りをしながら「にこにこ大作戦」を実行する

本時までに「にこにこ大作戦」を実行し、作戦を行ったその都度、振り返りカードを書く。自分がやった成果や困ったこと、思いが見えるようにすることで、作戦のやり方を工夫したり見直したりするなど試行錯誤しながら次へ生かせるようにする。

2 実行してみてどうだったか話し合う

習い事から帰ってきてお手伝いしよう思ったら早く寝なさいって

状況を話したり相談したりできる時間をもち、自分の成果や困ったことをはっきりさせるようにする。中間報告への興味を高めるために、長い時間をかけないようにし、「もっと話したい、聞きたい」という思いを持たせるようにする。

活動：作戦実行後、振り返りを行う

point 1

➡振り返りシートは作戦を継続でき、その経緯が分かり、さらに授業時間外でも書けるようにするために、一回の振り返りの欄はコンパクトなものにし、一枚に数回書けるものにする。

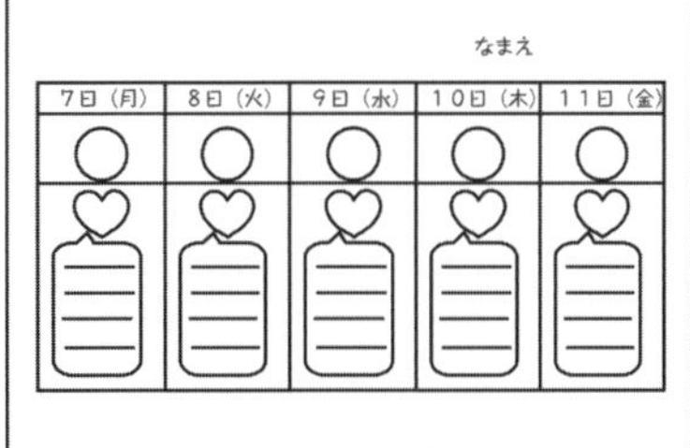

point 2

➡報告書は、作戦を実行しているときの様子を絵にかいたり、うまくいった理由や困ったこと、これからやりたいと思っていることなどを書けるようにする。

3 「大作戦」を実行した報告書をかく

テレビを見ずに食べて早く片付けたら成功したな。

現時点での状況を報告書にまとめる。特に、これまでのうまくいった点だけでなく、今後の活動を見据えて、「困った点や疑問点などがないか」、「友達に相談、解決したいことはないか」を考え報告の内容にまとめ、話せるようにする。

期待する子供の反応

「大作戦」を実行し、現時点での状況をはっきりさせ、報告書をかく。

1 **[導入]**
「大作戦」をやっているけど、他の人はうまくいっているのかな。

2 **[展開]**
「にこにこ」してもらっているけれど、そうじゃないときもあるな。

3 **[まとめ]**
報告書をまとめて、今の作戦をどうしたらいいかみんなに聞きたいことが出てきたよ。

本時案

「にこにこ大作戦」の中間報告会をしよう

本時の目標

自分の書いた報告書を使って友達と交流する活動を通して、自分の取組との違いや友達の取組のよさに気付き、今後の活動をよりよくするアイデアを考えることができる。

資料等の準備

・学習カード 1-7-6

対話的な学びの視点からの授業改善

➡環境の工夫

point 1 二人組で何度も交流できるように机やいすの配置を工夫する。机は一つにして、椅子を話し手の横に来るように配置すると、カードも共有しやすい。

point 2 全体交流では、机をなくして黒板の前に集まって話し合う。互いに近付き、一体になることで、大勢の友達の前でも思いが表現しやすくなる。解決策を出し合うのにも、距離を近くするとつぶやきが出やすい。そうした子供のつぶやきを取り上げたり、広げたりするなどして、今後の活動をよりよくしようとしているつぶやきを大事に扱う。

授業の流れ ▷▷▷

1 どんなことをしたか二人組で交流する

よりよい活動にするために、書いた報告書を見せながら、作戦について交流する。書かれた絵などを使い、質問や相談、よい点、アドバイスなど自由にやり取りする。必要であればそのような視点を示しておいて交流する。

2 二人組での交流で気になったことを全体で交流する

○○さんが、遅く帰ってきたときに作戦ができないって困ってたんだ。どうしたらいいかな？
「習い事の日」専用の案を別に考えたら？

二人組のやり取りでは解決しなかったことや、報告の中で参考にできることなどを全体交流で共有する。共有したものについては時間を十分にとり、疑問の解決や、作戦をよりよくするアイデアにつながるように話し合えるようにする。

環境構成のイメージ　二人組で交流しやすい机といすの配置の工夫

point 1

教室の中心を空け、二人組の場をその周りを取り囲むように作る。話をする子供は外側の椅子に座り、聞く子は内側の空席に座って聞いていく。このようにすると、聞き手は空席が見付けやすく、間を空けずに話を交流することができる。

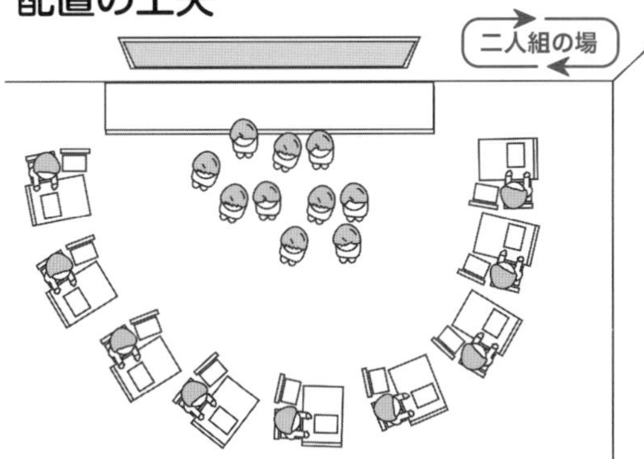

point 2

全体交流は教室の空いた中心に集まる。机がなくても距離が近いと話合いはスムーズにできる。

3 交流をもとに内容をよりよくするアイデアを考える

習い事の日は「明日の時間割ばっちり」作戦にしよう

話し合ったことをもとに、自分の「さくせん」を見直し、さらによくしようと意欲をもつ。また、改善点やアイデアについては、報告書にメモをし、次時の計画書の作成に生かせるようにする。

期待する子供の反応

自分の書いた報告書を使って友達と交流し、「作戦」をさらによりよいものにし、今後に意欲をもつ。

1 **[導入]**
うまくいったところもあるけど、そうじゃないものは、どうしたらいいかな。

↓

2 **[展開]**
みんなの意見を聞いていたら、もっとやるとよいことが見付かってきた。

↓

3 **[まとめ]**
「さくせん」がさらによいものになりそうだ。もっと「にこにこ」してくれるといいな。

本時案

さらに工夫をして「にこにこ大作戦」を実行しよう

12/16

本時の目標

家の人がもっと「にこにこ」になるよう計画し実行する活動を通して、目的に応じたよりよい方法を考え活動を工夫することができる。

資料等の準備

・学習カード 1-7-6
・学習カード 1-7-7

主体的な学びの視点からの授業改善
➡活動の工夫

point 1 中間報告会でメモしたアイデアを基に活動を見直し、作戦の工夫を考えられるようにする。計画書は絵と言葉で表現するが、今回は改善点とその理由が明確になるようにし、相手意識や目的意識を意識するようにする。

point 2 実践が継続して行われるように、声かけをこまめにするとよい。また、壁面掲示で「そうだんコーナー」や「うまくいったよコーナー」などを設け、付箋紙でそれらの事柄を子供たちがメモして貼っておくことで、授業時間外でも交流してヒントを得たり、皆の賞賛を得られたりできるようにしたい。

授業の流れ ▷▷▷

1 前時の交流をもとに計画書を作成しながら作戦を見直す

食器を洗うためには早くご飯を食べないといけないって言われたよね……

これまでの活動を基に作戦を見直す。活動する理由が明確で目的が明確であるかを大切にする。作戦は子供の思いを大事にし、変更しても増やしてもよいし、付け加えたり、そのまま継続したりしてもよい。

2 友達と交流しながら作戦の見通しをもつ

お箸並べもやってみよう

よりよくしたい作戦について友達と交流する。その中で、よい工夫を認め合ったり、無理がないか確認したりし、最後まで計画を練り上げ、計画実行に自信をもてるようにする。

活動：前回から改善した計画を立てる

point 1

➡吹き出しなどで改善点や理想の姿をかけるようにしてもよい。

point 2

➡コーナーを設けることで、子供同士の交流も期待でき、子供の状況を把握し、支援する一助になる。

（活動の目的を明示し、自覚するようなワークシートにする）

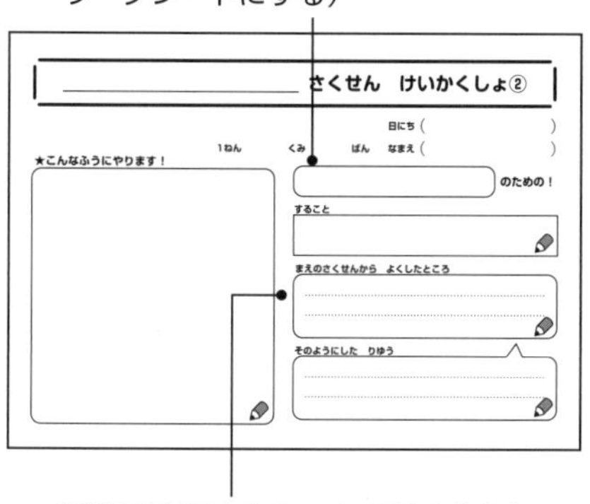

（改善点と理由をセットで示すようなワークシートにする）

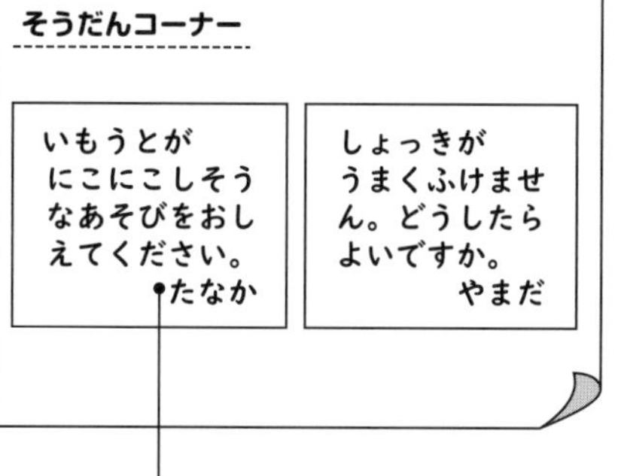

（付箋紙で自由に貼り付けていく。付箋紙の書き方はあらかじめ伝えておく）

3 計画を実行し、さらに工夫して作戦をよりよくする

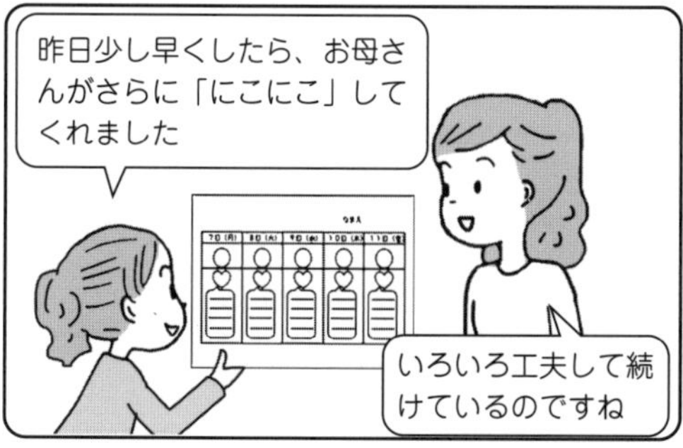

昨日少し早くしたら、お母さんがさらに「にこにこ」してくれました
いろいろ工夫して続けているのですね

これまでと同じく、よりよくした作戦を振り返りカードに記録しながら進めていく。カードをチェックしたり、子供たちの会話を確認したりしながら、作戦に継続して臨めるよう適宜声かけをしていく。

期待する子供の反応

これまでよりもさらに工夫を加えて作戦を計画し、実行する。

1 **［導入］**
もっと工夫できそうなところがあるんだよね。

↓

2 **［展開］**
よりよい作戦を考えた。みんなの意見を聞いて自信も付いたし、早くやってみたいな。

↓

3 **［まとめ］**
工夫してやってみるとお母さんの「にこにこ」がもっと増えた！　さらに工夫して続けるぞ！

本時案

「にこにこ大作戦」の結果を振り返ろう

本時の目標

実行した作戦について振り返る活動を通して、自分自身の成長や家の人との関わりについて、分かったことや考えたことを報告書にまとめることができる。

資料等の準備

・学習カード 1-7-6
・学習カード 1-7-8
（報告書②）

深い学びの視点からの授業改善

➡活動の工夫

point 1 報告書でまとめをする。「作戦」の様子を絵と言葉で書くことができるようにする。家の人の様子や自分が工夫したこと、どのような状況だったかを、書きながら思い出してまとめていくようにする。

point 2 報告書は、中間報告のものとは違い、これまでの「作戦」を振り返るものにする。その際、自分のやってきたことを振り返り、成長したことや努力したことが見えるようにする。また、家の人のことについて考えられる視点も設け、自分と家の人とが「にこにこ」でつながることに気付くようにする。そのことをきっかけに、自分の役割や家の人とのつながりについてまとめられるようにする。

授業の流れ ▷▷▷

1 振り返りカード等を基にこれまでの作戦の全体を振り返る

振り返りカード等を見直したりしながら、自分や家の人の「にこにこ」は自分の作戦でどうなったかを振り返る。その際、変化とその理由に着目し、自分が関わったことや自分の成長などに気付けるようにする。

2 これまでの作戦を通して分かったことなどを報告書にまとめる

さくせん　ほうこくしょ
くみ　ばん
「にこにこ大さくせん」について
おうちの人について
うまくいくとお母さんも喜んでくれます。
気付いたら、私もにこにこしていました

自分の「にこにこ大作戦」について、報告書②にまとめる。作戦がうまく行ったか、なぜそう思うのかなどをこれまでの資料をもとに書いていく。また、自分の作戦によって自分や家の人など周りの様子がどうなったかも考えられるようにする。

活動：報告書をまとめる

point 1

➡自分と喜ばせている家の人の様子はもちろん、それを見ていた家の人の様子や、話していた言葉も吹き出しで付け加えるようにして、視点を変えてまとめることができるようにする。

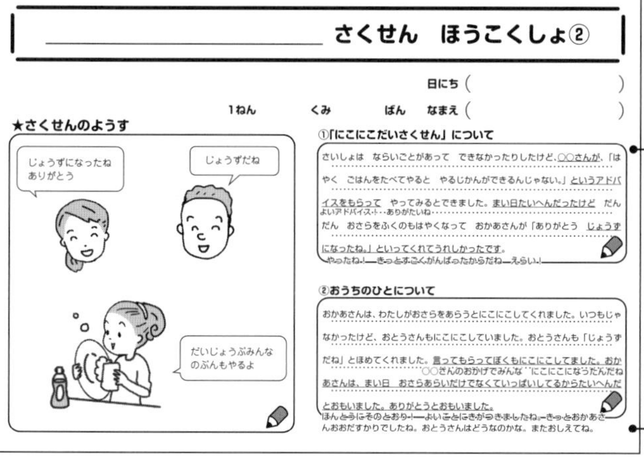

さくせん　ほうこくしょ②

日にち（　　　　）

1ねん　　くみ　　ばん　なまえ（　　　　）

★さくせんのようす

①「にこにこだいさくせん」について

さいしょは　ならいごとがあって　できなかったりしたけど、○○さんが、「はやく　ごはんをたべてやると　やるじかんができるんじゃない。」というアドバイスをもらって　やってみるとできました。まい日たいへんだったけど　だんだん　おさらをふくのもはやくなって　おかあさんが「ありがとう　じょうずになったね。」といってくれてうれしかったです。

よいアドバイス！・・ありがたいね

やったね！―きっとすごくがんばったからだね―えらい！

②おうちのひとについて

おかあさんは、わたしがおさらをあらうとにこにこしてくれました。いつもじゃなかったけど、おとうさんもにこにこしていました。おとうさんも「じょうずだね」とほめてくれました。言ってもらってぼくもにこにこしてました。おかあさんは、まい日　おさらあらいだけでなくていっぱいしてるからたいへんだとおもいました。ありがとうとおもいました。

○○さんのおかげでみんな "にこにこになったんだね

ほんとうにそのとおり！―よいことにきがつきましたね。―きっとおかあさんおおだすかりでしたね。おとうさんはどうなのかな。またおしえてね。

これまでの自分についてや感想を中心にまとめ、成長に気付けるようにする。

家の人の「にこにこ」がどうなったかを振り返りながら、家の人と自分、家の人同士のつながりについてまとめられている子供を認め、次の友達への報告につなげられるようにする。

3 本時の振り返りをし、友達の作戦の結果に興味をもつ

本時の振り返りをしながら数人が報告書の内容の一部を話すなどし、友達の作戦がどうだったか興味がもてるようにした上で、報告会をすることを確認する。時間があれば練習など話す準備をしてもよい。

期待する子供の反応

これまでの活動を振り返り、自分や家族のことを考えながら報告書をまとめる。

1 ［導入］

最近はうまくやることができるようになって成長したと思うな。

2 ［展開］

そういえば、お母さんが「にこにこ」していると私も「にこにこ」していたよ。他の友達はどうなのかな。

3 ［まとめ］

みんなの作戦はうまくいったのかな。どうだったのか知りたいな。

本時案

「にこにこ大作戦」の結果を報告しよう

14/16

本時の目標

「にこにこ大作戦」の結果を報告する活動を通して、自分の成長や役割、自分と家族とのつながりについて気付くことができる。

資料等の準備

・学習カード 1-7-8
・２色のにこにこマーク
・自分（わたし・ぼく）の絵またはマーク
・家族の笑顔のイラスト
・学習カード 1-7-9

深い学びの視点からの授業改善

➡板書の工夫

point 1 子供の思いや考えを整理しながら、大事なキーワードをつなぐなどして、気付きをつなげられるようにする。特に、自分の成長や役割、家の人とのつながりについて気付いている子供の発言をうまく取り上げながら進める。

point 2 つながりが見えたら、「この『にこにこ』は全部みんながつくったんだね」などの言葉をかけ、成就感や満足感が得られるようにしながら、自分を板書の真ん中に配置するなどし、家族の一員として大切な存在だと気付けるようにする。「こんなにできた」「頑張ってよかった」「成功した」という思いをもてるようにすることで継続したいという気持ちを引き出す。

授業の流れ ▷▷▷

1 報告書を見せながら二人組で多くの友達に報告をする

報告書を見せながら、自分のこれまでやってきたことや家族への思いなどについて交流する。友達の頑張ったところを見付けたり、家族について同じところや違うところを見付けて話し合ったりすることで、家族のつながりに気付けるようにする。

2 友達との交流を通して、みんなと共有したいことを発表する

友達と交流して、「にこにこ大作戦」をして分かったことや考えたこと、今の気持ち等を発表する。発表については板書で整理し、子供の気付きの質が高まるようにする。

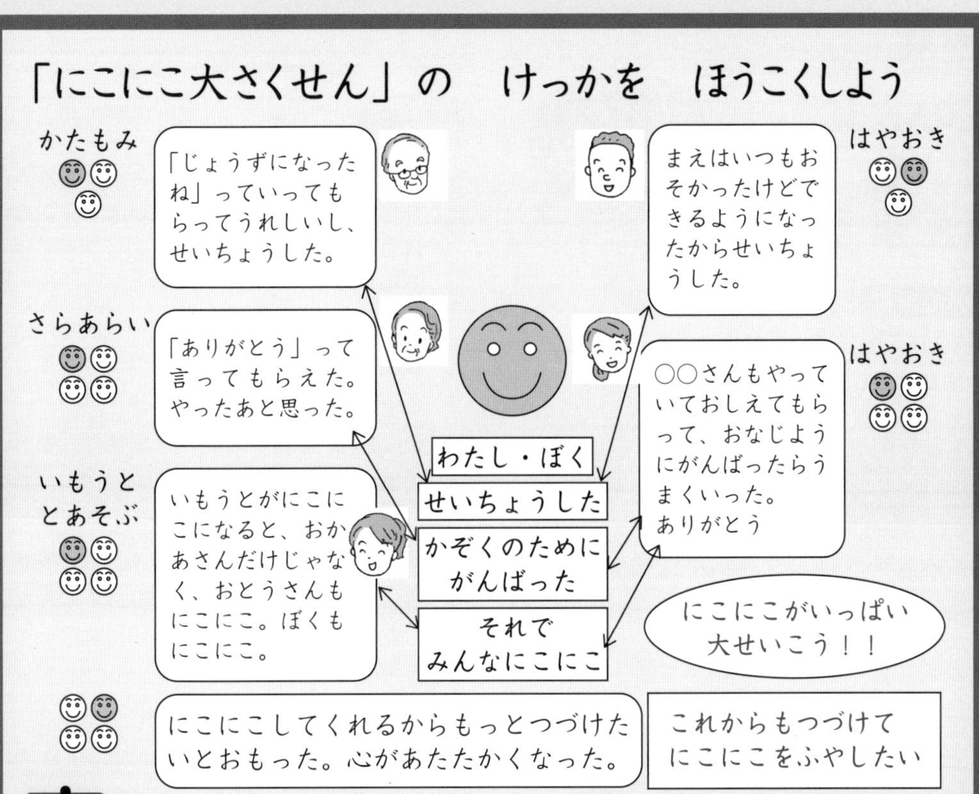

「にこにこ大さくせん」の　けっかを　ほうこくしよう
かたもみ
「じょうずになったね」っていってもらってうれしいし、せいちょうした。
さらあらい
「ありがとう」って言ってもらえた。やったあと思った。
いもうととあそぶ
いもうとがにここになると、おかあさんだけじゃなく、おとうさんもにこにこ。ぼくもにこにこ。
はやおき
まえはいつもおそかったけどできるようになったからせいちょうした。
はやおき
○○さんもやっていておしえてもらって、おなじようにがんばったらうまくいった。ありがとう
わたし・ぼく
せいちょうした
かぞくのためにがんばった
それでみんなにこにこ
にこにこがいっぱい大せいこう！！
にこにこしてくれるからもっとつづけたいとおもった。心があたたかくなった。
これからもつづけてにこにこをふやしたい

3 思ったことをまとめ、振り返りをする

ぼくはまだまだ続けて「にこにこ」であふれさせたいです

本時の振り返りをする。その際、これまでの頑張りや喜びを認め合い、互いに讃え合うことで、今後も活動を継続する意欲をもつことができるようにする。

期待する子供の反応

経過を報告しながら自分の成長や家族とのつながりについて話す。

1 **[導入]**
私も頑張ったけど、みんなも頑張っていたんだね。やっぱり家族がにこにこすると自分もにこにこになったね。

↓

2 **[展開]**
そういえば、みんなが言っているとおり、自分の作戦で家族みんながにこにこになっていたよ。うれしいな。

↓

3 **[まとめ]**
これからも続けて「にこにこ」をもっと増やしたいな。

本時案

家の人に思いを伝えよう

本時の目標

「にこにこ大作戦」に対する家の人の思いを知る活動を通して、家の人の支えや愛情などに気付き、これからやっていこうとする自分の思いを表現することができる。

資料等の準備

・家の人に書いてもらった手紙
・手紙用の便箋

深い学びの視点からの授業改善

➡板書の工夫

point 1 子供への手紙を、子供に気付かれないよう工夫して家庭に依頼する。枚数は少なくてよいので、子供の成長や子供への愛情を分かりやすい言葉を使って、ひらがなで書いてもらう。家庭の状況によっては個別に働きかけ、直接やり取りをするなど十分に配慮する。

point 2 話合いの際には板書に「家の人の思い」「家の人がしてくれたこと」「自分の思いや考え（したいこと）」と整理していく。家庭の支えに気付いている発言を大事にしてまとめ、「みんなのために」などお互いへの愛情や共通の思いで家庭とつながっていることが分かるようにするとよい。

授業の流れ ▷▷▷

1 家の人の手紙をもらって読み、分かったことや感想を話す

家庭からはあらかじめ全員分の手紙をもらっておき「大事な人からお手紙が届いています」などと言いながら一人一人に渡す。読む時間を十分とり、子供の思いを大事にする。

2 分かったことや考えたことを話し合う

手紙を読んだ後、分かったことや感想、その理由などを交流し、家の人の愛情や支え合っていることを共有して、今後の活動につなげたい。また、すぐにでも手紙の返事を書きたいと思う子供の気持ちにより沿って、時間配分も工夫し、手紙を思う存分に書けるようにしたい。

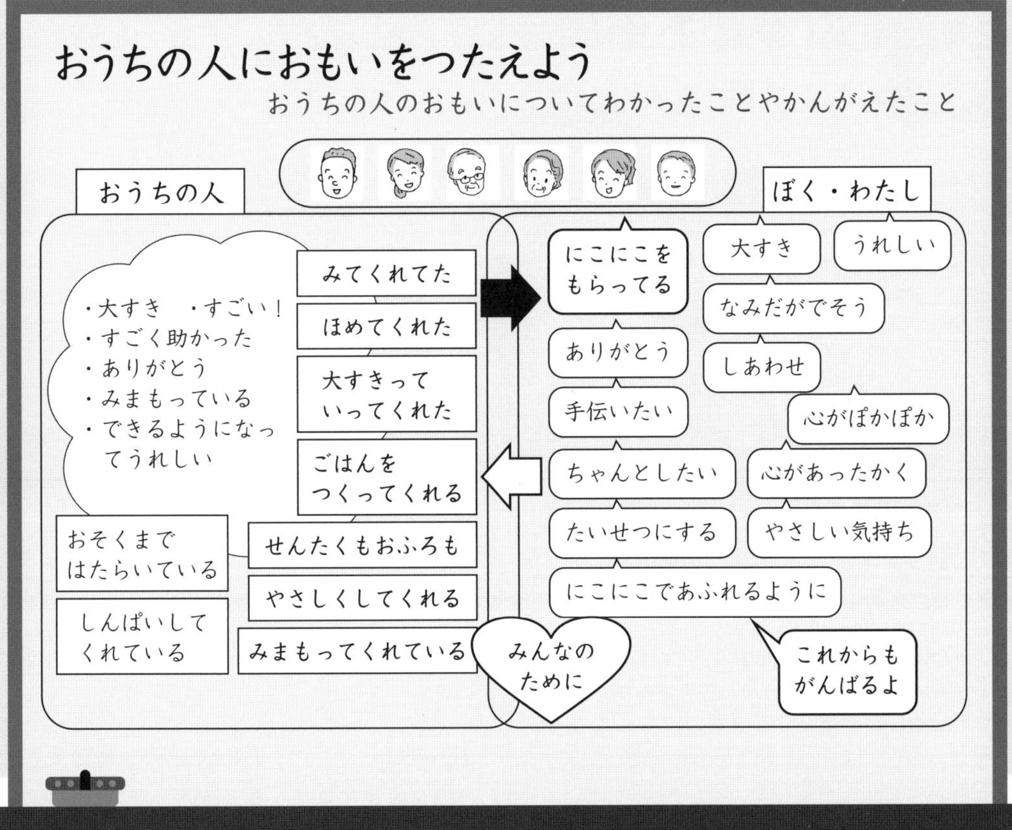

3 相手のことを思いながら、家の人に手紙を書く

自分のこともちゃんとして、お母さんを困らせないようにするよ。いつもにこにこしていてもらいたいもん

じっくりと自分の思いと向き合って、これまでの経過や、家の人への思いなど、たくさんの思いを表現できるようにする。書いた後で内容や感想を話し合い、家の人への感謝の気持ちと、積極的に家庭の中での役割を果たしていく意欲を高められるようにするとよい。

期待する子供の反応

これまでの成長や家の人への感謝、これからの活動の意欲について自信をもって手紙に表す。

1 **［導入］**
家の人ができるようになったことを喜んでくれている。自分はこんなに大事にされて支えられていたんだ。

2 **［展開］**
これまで頑張ったことや感謝の気持ちを手紙に書くよ。たくさん書きたいな。

3 **［まとめ］**
私も家の人が大好きだよ。自分や家の人のためにこれからも頑張るよ。

8 ふゆとあそぼう

8時間

【学習指導要領】 内容(5)季節の変化と生活／(6)自然や物を使った遊び

1時	2時	3時	4時	5時
第1小単元（導入） 冬の公園で遊び、自然の様子や季節の変化に関心をもち、進んで冬を見付けようとする。		**第2小単元（展開①）** 冬の風を見付け、風によって起こる現象の面白さや不思議さに関心をもつ。		
1．冬を見付けよう 冬の生活や動植物、季候などの様子について話し合い、冬見付けをしたり公園で遊んだりする計画を立てる。 **2．冬の公園に行ってみよう** 春・夏・秋と遊んだ公園に出かけて遊び、冬の生活や動植物、自然事象など見付けたことを話し合う。 ☺冬を見付けたい、遊びたいという思いや願いをもって公園で遊び、身近な自然と触れ合おうとしている。 ✎春、夏、秋の公園の様子と比べ、冬の公園の様子や季節の変化に気付いている。		**3．冬の風を見付けよう** 自分が考えた方法で冬の風を見付けたり、つかまえたりして遊ぶ。遊んで気付いたことを話し合い、冬の風で楽しく遊ぶ方法を考える。 ✎風の起こす現象の面白さや不思議さに気付いている。		

本単元について

単元の概要と育成を目指す資質・能力

本単元は学習指導要領の内容(5)「季節の変化と生活」と(6)「自然と物を使った遊び」を基に構成し、内容構成の具体的な視点として「キ　身近な自然との触れ合い」「ク　時間と季節」「ケ　遊びの工夫」を位置付けている。本単元においては、身近な生活に関わる見方・考え方を生かして学習活動を展開し、一人一人の資質・能力の育成を目指していく。それは、冬の生活や四季の変化、自然事象に目を向け対象を捉え、遊びを工夫することを通してその面白さや遊びの楽しさに気付き、それらを生かして自分の生活をもっと楽しくしようという思いや願いをもって活動することである。

そのために、冬の公園へ出かけ生活や四季の変化、自然事象を体感できるようにする。本単元では子供の諸感覚を刺激し、好奇心をくすぐる冬の風を取り上げる。そこで、冬の風を利用したおもちゃを作ったり、遊んだりする活動を通して、風の起こす現象の不思議さや面白さや遊びの楽しさに気付けるようにしたい。最後に活動を振り返り、冬のよさを取り入れ、自分の生活を楽しくすることができるようにしたい。

単元の目標

校庭や公園で冬を見付けたり遊んだりする活動を通して、その他の季節との違いや特徴を見付けたり、冬の自然や身近にある物を利用して遊びや遊びに使う物を工夫して作ったりすることができ、季節の変化や遊びの面白さ、自然の不思議さに気付くとともに、それらを取り入れながら自分たちの生活を楽しもうとすることができるようにする。

6時	7時	8時
第3小単元（展開②） 冬の風に関心をもち、風を利用して遊ぶおもちゃを工夫して作り、友達と楽しく遊ぼうとする。		**第4小単元（終末）** 冬の遊びで見付けたことや楽しかったことなどを友達と伝え合い、自分の生活に生かそうとする。
4．風と遊ぶおもちゃを作ろう 冬の風で遊ぶおもちゃを考え、身近な材料を用いて自分が作りたいおもちゃを作る。 **5．おもちゃをパワーアップしよう** 作ったおもちゃで遊び、おもちゃを改良したり、遊び方を考えたりする。 **6・7．作ったおもちゃでみんなと遊ぼう** 冬の風を利用したおもちゃや遊びを工夫してみんなで楽しく遊び、見付けたことを友達と伝え合う。 ☝風の特徴を利用して、おもちゃや遊びを試したり見直したりしている。 ☺楽しく遊びたいという願いをもち、粘り強くおもちゃを作り、みんなで遊びを創り出そうとしている		**8．冬のことを伝えよう** 冬見付けや冬の風を使って遊んだことを通して見付けたことや楽しかったこと、頑張ったことなどを振り返る。 ✎冬の遊びを工夫したり、友達と楽しく遊んだりしたことを振り返り、冬らしさを表現している。 ☺冬の自然の様子や季節の変化を実感し、それらを取り入れて生活を楽しくしようとしている。

【評価規準】✎…知識・技能　☝…思考・判断・表現　☺…主体的に学習に取り組む態度

本単元における主体的・対話的で深い学び

本単元は、諸感覚を通して冬の自然と触れ合う体験や活動を繰り返し保障することで、対象や他者との関わりを深め、気付きの質を高めていくようにしたい。まず、子供の日常的な気付きを意図的に取り上げ、第1・2小単元の冬見付けの活動につなぐ。ここでは自然事象を体感する活動を保障することで、冬の風に興味をもてるようにする。さらに、見付けたことを絵や文で表し友達と対話する中で、冬への気付きを広げ、楽しく遊ぼうとする意欲を高める。

第3小単元では、子供の多様性を保障し、自分の作りたいおもちゃを作ることで、主体的に活動できるようにしたい。また、作ったり遊んだりしながら友達と自由に交流し、対話したことをおもちゃ作りや遊びに生かせるようにする。さらに、おもちゃ作りや遊びの中で生まれた気付きを全体で対話する場を設け、風の面白さや不思議さ、遊びの楽しさや自他のよさに気付けるようにしたい。最後に活動を振り返り、冬のよさを改めて実感し、それらを生かして楽しく生活しようとする意欲を高めたい。

本時案

冬を見付けよう

本時の目標

身近な自然や生活の様子の変化について話し合う活動を通して、冬の訪れに期待を膨らませるとともに、春・夏・秋に遊んだ公園に出かけたいという思いや願いをもとうとすることができる。

資料等の準備

・子供が見付けた冬の写真や自然物
・デジタルカメラ
・学習カード 1-8-1
（「ふゆニュース」カード）

対話的な学びの視点からの授業改善

➡環境構成の工夫

point 1 通学路や遊び場、校庭で見付けたことを朝の会で話し、見付けた冬を「冬ニュース」として掲示することで、子供間に対話が生まれるようにする。思い思いの冬ニュースを掲示することで、自然物だけでなく、生活の変化の様子になど多様な冬への気付きが生まれるようにする。冬の植物や生き物、日用品などを見たり手に取って触れたりすることができるようなコーナーも設け、冬の訪れを実感できるようにする。

point 2 春・夏・秋の通学路や遊び場、校庭の様子も掲示することで、季節の変化に気付きやすいようにする。

授業の流れ ▷▷▷

1 通学路や遊び場で、夏や秋と変わってきたことを発表する

朝の会で子供が見付けた自然や生活の変化について取り上げることで、季節の変化を意識するきっかけをつくり、冬見付けの活動につなぐ。写真だけでなく実物を紹介したり、冬ニュースにして掲示したりすることで、冬の訪れに期待が膨らんでいくようにする。

2 見付けた冬について話し合う

一人一人が見付けた冬について話し合い、分類整理していくことで、多様な冬に触れ、実際に行ってみたい、見てみたいという思いや願いが生まれるようにする。

さらにこれまで行った遊び場の様子についても触れ、冬の公園で遊ぶ活動につなぐ。

環境構成のイメージ　「ふゆニュース」掲示と実物の共有

point 1
自然物だけでなく生活の変化等、多様な冬への気付きが生まれるようにする

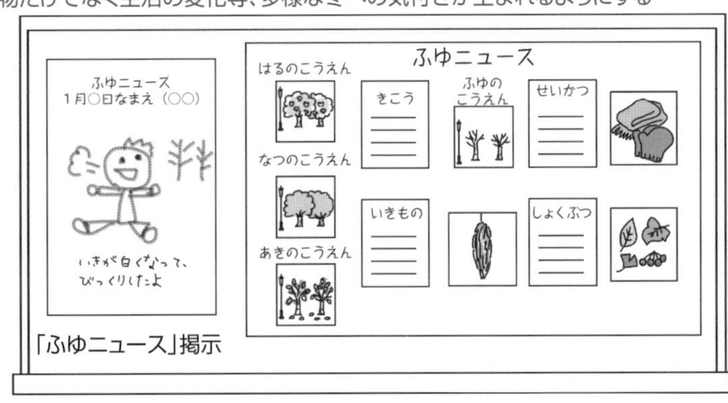

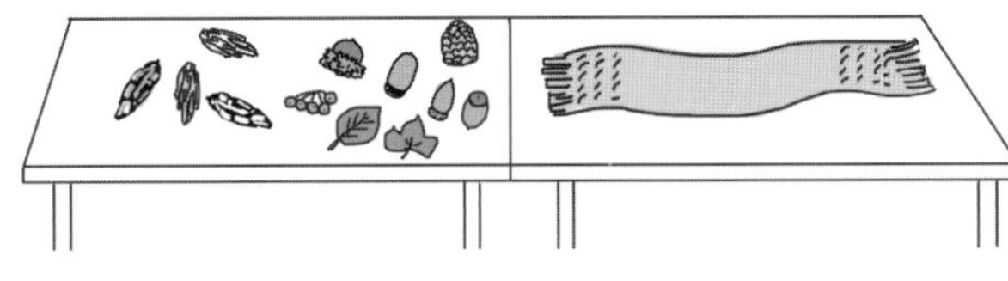

3 冬の公園で遊ぶ計画を立てる

銀杏の木はどうなっているかな
見付けた物を入れる袋がいるね

冬の公園に行って遊びたいことや確かめたいことを話し合う。これまで公園で遊んだことを振り返り、公園を利用する際のルールやマナーについて確認してく。

準備物については個々の思いや願いに応じて必要な物を出し合うことで、意欲を高める。

期待する子供の反応

冬の訪れを感じ、冬の公園に行ってみたい、遊びたいという思いや願いを膨らませる。

1 **［導入］**
秋の様子と違うぞ。もう冬が来たのかな。登下校や遊び場でも冬を見付けたよ。

↓

2 **［展開］**
春、夏、秋に行った公園はどんな様子かな。行ってみたいな。遊びたいな。

↓

3 **［まとめ］**
冬の公園に行ってみよう。どんなことをして遊ぼうかな。

本時案

冬の公園に行ってみよう

本時の目標

公園へ出かけ、冬見付けをしたり北風や日差しを体感したりする活動を通して、自然や生活の様子の変化を実感するとともに、冬の自然事象を利用して楽しく遊ぶことができる。

資料等の準備

・探検バッグ
・ビニール袋
・デジタルカメラ
・救急バッグ
・ビデオカメラ
・学習カード 1-8-2

主体的な学びの視点からの授業改善

➡活動の工夫

point 1 子供たちの情報を受けて、町の冬を見付けながら公園に出かける。個々が見付けた冬を確認しながら町を歩くことで、多様な視点で冬見付けを楽しめるようにする。

point 2 「楽しいな」「不思議だな」と心を動かし、実感をもって冬の自然と関わることが、主体的な活動の原動力となる思いや願いを育む。そのために、公園では、思い思いに動植物を観察したり、北風や日差しを体全体で感じたりしながら遊ぶ。屋外で遊ぶ楽しさをたっぷり味わう中で生まれた思いや願いに共感しながら、冬の自然事象を生かした遊びに発展していくきっかけづくりをする。

授業の流れ ▷▷▷

1 冬見付けをしたり楽しく遊んだりして、多様な冬を見付ける

教師も春・夏・秋に出掛けた公園や通学路、学校周辺の冬ならではの情報を事前に収集しておき、一人一人の子供が自分なりの冬見付けを楽しむことができるようにする。

2 思い思いに遊ぶ中で冬の風や日差しなどの事象を体感する

諸感覚を使いながら自由に冬ならではの遊びを楽しむことができるよう、十分な時間を確保する。教師も一緒に遊び、ビニール袋が北風に飛ばされたり、膨らんだりするなどの自然事象を意図的に捉え、それらを生かした遊びを全体に広げるきっかけをつくる。

活動：公園で冬を見付ける

point 1
➡個々が見付けた冬を、確認し合いながら遊ぶ

木がはだかんぼうだ
氷を見付けた！
見て、息が白い
タンポポ
バッタはどこに行ったのかな
ツバキ

point 2
➡遊ぶ中で生まれてきたつぶやき、思いや願いに教師は共感し、全体に共有する

3 多様な冬を紹介し合い、自然事象を生かした遊びの面白さに気付かせる

みつけたよ
きこう、しょくぶつ
いきもの、せいかつ
あそんだよ
かげふみ、ふくろとばし
おしくらまんじゅう
おいかけっこしてたね
ぼくのビニール袋が飛んじゃった

写真のスライドショーや実物とともに公園で遊んだことを振り返り、見付けたこと、遊んだことを整理・分類しながら、気付きを交流する。冬ならではの自然事象の面白さや不思議さへの興味・関心が高まるよう、動画も準備しておく。

期待する子供の反応

冬の動植物や生活の変化、冬ならではの事象を実感しながら、冬の公園で楽しく遊び、見付けたことを話し合う。

1 [導入]
虫とりやドングリ拾いをした公園はどうなっているのかな。

2 [展開]
ドングリはないけど。小さな木の芽を見付けたよ。葉っぱが風で吹き飛ばされていたよ。

3 [まとめ]
生き物はどこにいるのかな。ビニール袋が風で飛んで面白かったよ。

本時案

冬の風を見付けよう

本時の目標

冬の風を見付けたり、つかまえたりして遊び、見付けたことを伝え合う活動を通して、風によって起こる現象の面白さや不思議さを感じ取るとともに、それらを生かした遊びに関心をもつことができる。

資料等の準備

・大きさや形の違うビニール袋
・タフロープ
・凧や風車などの既成のおもちゃ
・学習カード 1-8-3

対話的な視点からの授業改善

➡板書の工夫

point 1 冬の風を見付けたり遊んだりした子供は様々なことに気付き、思いや願いを膨らませている。それらを伝え合うことで気付きを自覚し、やってみたい活動の具体的なイメージをもてるようにする。冬の風を見付ける活動を振り返り、風の特徴を「飛ぶ」「膨らむ」「回る」など、子どもから出てきたキーワードで整理・分類することで遊びのヒントとなるようにする。

point 2 整理した冬の風の特徴を生かして楽しく遊ぶ方法を考え、風を使ったおもちゃづくりの活動につなぐ。ここでは、就学前の経験を引き出したり、必要に応じて教師がおもちゃの提案をしたりしながら次の活動への意欲を喚起する。

授業の流れ ▷▷▷

1 公園での遊びを振り返り、風で遊びたいという思いをもつ

公園で遊んでいるビデオを見て、冬の風の面白さや不思議さを視覚的に振り返ることで、風が起こす現象に興味をもたせ、風を「見付けたい」「つかまえたい」という思いや願いが膨らむようにする。

2 校庭で風を見付けたり、捕まえたりして楽しく遊ぶ

実際に遊ぶ際には、個々の思いや願いに応える身近な材料や必要に応じて既製のおもちゃ（風車、凧など）を準備し、諸感覚を通して冬の風の特徴を捉えることができるようにする。

ふゆのかぜをみつけよう

とぶ

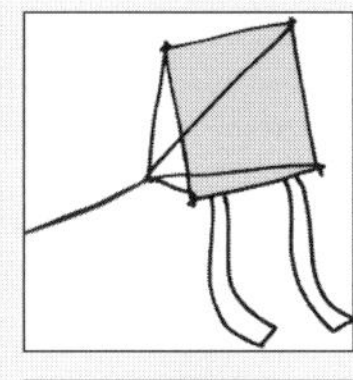

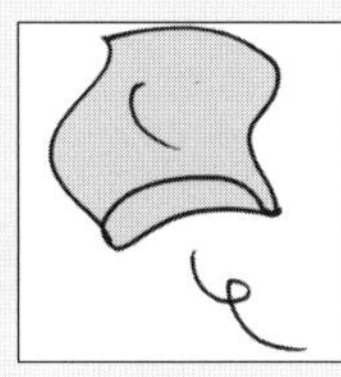

・かぜのふくほうにとぶ
・かぜがつよいとスピードアップ

ふくらむ

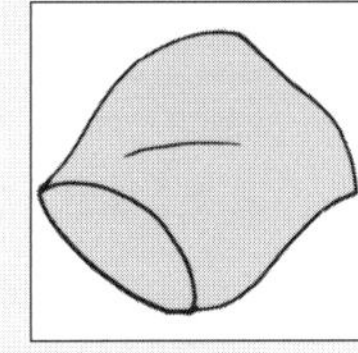

・さわるとふわふわ
・ふたをするとぱんぱん
・パラシュートみたい

まわる

・くるくる
・はやくまわったり、おそくまわったり

音がする

・ビュンビュン
・ババババ

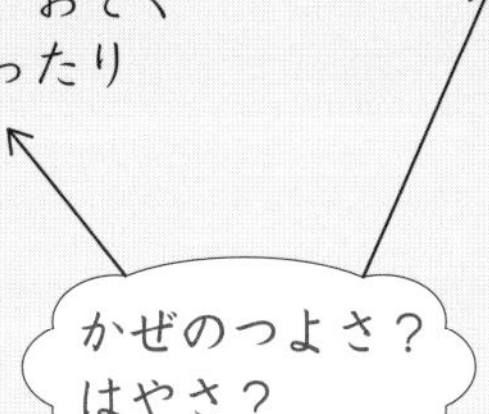

かぜのつよさ？
はやさ？

3 冬の風を見付けて遊んだことを振り返る

北風が吹いたから音もする
走らなくてもひらひらしたよ

冬の風を見付けて遊んだことを振り返る。見付けたことをビデオで見たり、試したりすることができるような隊形に集まって話し合い、冬の風の特徴を実感できるようにする。そして、もっと楽しく風と遊ぶ方法はないか考え、風を使ったおもちゃ作りの活動につなぐ。

期待する子供の反応

風の起こす現象を体全体で感じながら遊び、その面白さや不思議さに新たな遊びへの思いや願いを膨らませる。

1 [導入]
ビニール袋を風で飛ばして遊んだよ。冬の風って面白いな。つかまえて、遊びたいな。

↓

2 [展開]
ビニール袋が膨らんだ！もっといっぱいつかまえるぞ。

↓

3 [まとめ]
風が吹くと、物が飛んだり膨らんだりして面白い。もっと風と遊びたいな。

本時案

風と遊ぶおもちゃを作ろう

本時の目標

身近な材料を使って冬の風と遊ぶおもちゃを作る活動を通して、おもちゃの仕組みや風の働きについて考えることができる。

資料等の準備

- 学習カード 1-8-4
- 竹ひごや画用紙、ビニール袋等のおもちゃを作るための材料
- おもちゃの作り方が分かる掲示物
- おもちゃ作りのための本
- 参考になる既製のおもちゃ
- 送風機

（教卓）

- 錐やホットボンド等の危険を伴う道具
- 掲示資料 1-8-5〜1-8-7 

主体的な学びの視点からの授業改善

➡環境構成の工夫

point 1 おもちゃの種類ごとに作り方が分かる掲示物や実物などをまとめて配置し、ことで、子供が自然にグループをつくることができるようにする。一緒に活動しながらおもちゃの仕組みや風の働きについて考え、主体的におもちゃを作れるようにする。

point 2 同じ材料でも、大きさや長さが異なる物を用意し、材料を比べたり、試したりして、作りたいおもちゃにするためによりよい物を選択することができるようにする。

point 3 材料や掲示物等の各コーナーを常設し、子供が休み時間にもおもちゃを作ったり、子供同士で情報交換したりしながら繰り返し対象や他者と関われるようにする。

授業の流れ ▷▷▷

1 作りたい冬の風と遊ぶおもちゃを発表し合う

本時までにおもちゃ作りの関心を高め、事前に作りたいおもちゃを調べたり、必要な物を準備したりできるようにする。発表を通して作りたいおもちゃで子供同士が自然につながりグループを構成するようにし、互いに情報交換しながら活動できるようにする。

2 試行錯誤しながらおもちゃを作る

教室におもちゃの作り方が分かる掲示物や実物を配置することで、子供が自力で解決したり、似ているおもちゃの子供同士が自然につながり、協力したりできるようにする。錐やホットボンドなどの危険を伴う道具は、特別なコーナーで教師と共に扱うようにする。

環境構成のイメージ　作りたくなる掲示や配置

point 1
作り方が分かる掲示物や実物などをまとめて配置し、ことで、子供が自然にグループをつくることができるようにする

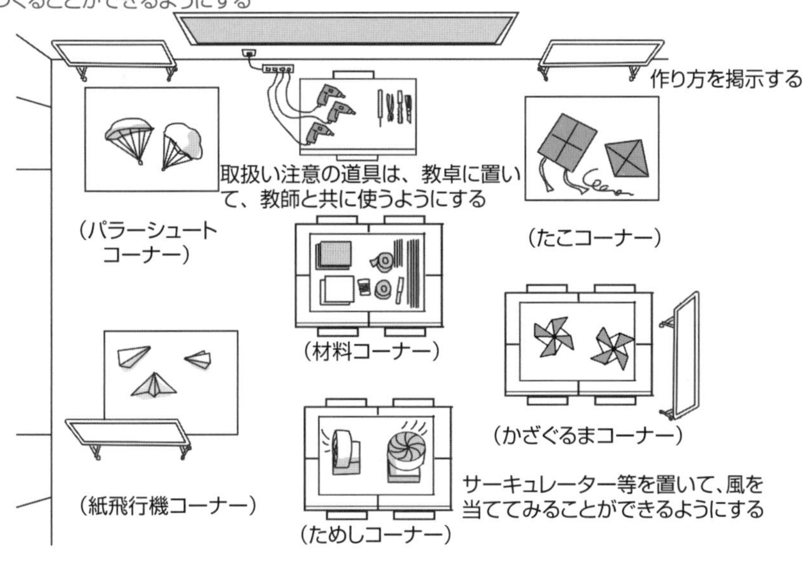

作り方を掲示する
取扱い注意の道具は、教卓に置いて、教師と共に使うようにする
（パラーシュートコーナー）
（たこコーナー）
（材料コーナー）
（かざぐるまコーナー）
（紙飛行機コーナー）
サーキュレーター等を置いて、風を当ててみることができるようにする
（ためしコーナー）

3 自分が作ったおもちゃで冬の風と遊ぶ

うまく飛ばないな･･･
くるくるたくさん回るね

作ったおもちゃをすぐに試すことができるよう、校庭で自由に遊べるようにしておく。その後、活動の振り返りを行い、うまくいったことや思ったようにならなかったことを共有し、次時に向けての思いや願いをもつことができるようにする。

期待する子供の反応

材料を考えたり、作り方を工夫したりしながら、風の働きを生かしたおもちゃを作っている。

1 **［導入］**
凧を作って冬の風と遊びたいな。○○君、一緒に作ろう。

↓

2 **［展開］**
大きな凧にしたら、風がいっぱい当たって遠くに飛ぶかな。

↓

3 **［まとめ］**
試してみたら、少しだけ飛んだよ。もっと遠くに飛ばしたいな。

本時案

おもちゃをパワーアップしよう

本時の目標

作ったおもちゃで遊ぶ活動を通して、冬の風の特徴を生かして粘り強く改良しようとすることができる。

資料等の準備

・自分が作ったおもちゃ
・修理や改良に使う道具
・自分が必要と思う材料
・学習カード 1-8-8

対話的な学びの視点からの授業改善

➡活動の工夫

point 1 おもちゃの動きから風の見えない働きが見えてくる。教師は、子供がおもちゃの動きと風の働きを関係付けたり、風の不思議さに気付いたりするように対話し、おもちゃの改良に生かせるようにする。

point 2 風のもつ特徴とおもちゃの動きを関係付けている子供を見取り全体に広げたり、教師がモデルを示したりして、子供の思考を活性化する。

point 3 教師は子供と一緒に活動しながら子供の課題意識を見取り、必要に応じて友達にアドバイスを求めるよう促したり、友達のおもちゃと比べさせたりして対話の活性化を図るとともに、気付きを共有しながらおもちゃを改良し、楽しく遊べるようにする。

授業の流れ ▷▷▷

1 パワーアップしたいことを発表し合う

前時を振り返り、うまくいったことや思ったようにならなかったことを共有し、修理したり改良したりして、パワーアップさせる意欲を高める。子供が遊びながら修理したり改良したりできるよう、教室だけでなく、校庭にもパワーアップコーナーを設定しておく。

2 おもちゃを修理したり、改良したりして遊ぶ

作って遊ぶ試行錯誤の時間を確保し、冬の風の特徴に気付き、おもちゃ作りに生かせるようにする。似たようなおもちゃで自由にグループを作り、友達と一緒に作って遊ぶ中で気付きを共有し、新たな課題を見いだしたり解決したりできるようにする。

活動：対話が促進される遊び

point 1

➡教師は、おもちゃの動きと風の働きを関係付ける声かけを心がける

point 3

➡おもちゃを比較するよう声かけしたり困っている子供には他の子供からアドバイスを得るように促したりして対話を促進する

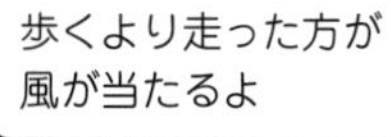

歩くより走った方が風が当たるよ

point 2

➡教師がモデルとなって子供の思考を活性化

3 活動を振り返り、工夫したことや楽しかったことを紹介する

よく飛ぶようになりました！

活動を振り返る中で、おもちゃのパワーアップと冬の風の関連に気付かせたり、子供の頑張りを称賛したりする。また、遊びのルールや遊び場作りをしている子供を紹介し、遊び方や遊び場の工夫に関心をもたせ、次時への活動の意欲を高める。

期待する子供の反応

友達と協働しながら、おもちゃを修理したり、改良したりして、工夫している。

1 [導入]

凧が右や左に曲がって飛ぶのはどうしてだろう。○○君に聞いてみよう。

2 [展開]

○○くんの凧は、左右の糸の長さが同じ。風がバランスよく当たってる。

3 [まとめ]

飛んだ！　飛んだ！　うれしいな。凧は左右のバランスが大事。次はもっと高いところから飛ばしたい。

本時案

作った おもちゃで みんなと遊ぼう

6-7/8

本時の目標

冬の風を使ったおもちゃや遊びを工夫する活動を通して、遊びの楽しさや冬の風の不思議さについて気付くことができるようにする。

資料等の準備

・自分が作ったおもちゃ
・自分が必要と思う材料
・遊びや遊び場などに使う道具
・遊びを盛り上げるための環境
・写真
・タブレット端末
・モニター用テレビ
・学習カード 1-8-9

深い学びの視点からの授業改善

➡板書の工夫

point 1 思考ツール「Y チャート」を活用して、遊びの楽しさや冬の風の不思議さ、自分自身への気付きの 3 つの視点で子供の気付きを分類する。視点を焦点化していくことで、子供の気付きが関連したり、無自覚な気付きが自覚されたりして、気付きの質の高まりが期待できる。

point 2 タブレット端末を活用して、活動中に撮影した子供が遊びを工夫している様子や考えた遊び場で楽しんでいる様子をテレビに映し、無自覚な気付きを自覚し、共有できるようにする。

授業の流れ ▷▷▷

1 冬の風を使った遊びが、楽しくなるような工夫を紹介する

前時を振り返り、写真を見たり、実演したりして具体的なルールや遊び場の工夫を紹介する。遊び方や遊びを工夫すれば、もっと冬の風で楽しく遊べることを確認し、意欲を高める。

2 遊び方や遊び場を工夫して、みんなと楽しく遊ぶ

教師も子供の中に入り、おもちゃや遊び方の工夫を見取り、称賛するとともに周りの子供に広げ、互いの遊びが発展するようにする。遊びが停滞している子供には、一緒に遊びながらアイデアを引き出したり、楽しく遊んでいる子とつないだりして活性化を図る。

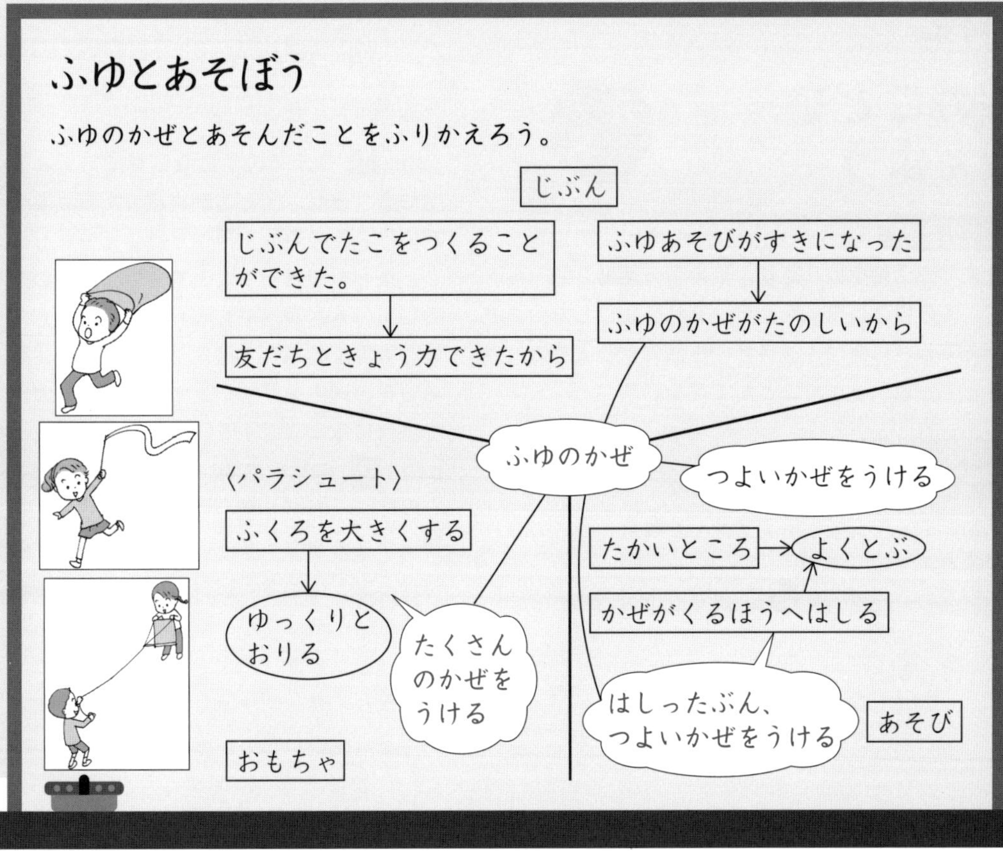
ふゆとあそぼう
ふゆのかぜとあそんだことをふりかえろう。
じぶん
じぶんでたこをつくることができた。
友だちときょう力できたから
ふゆあそびがすきになった
ふゆのかぜがたのしいから
ふゆのかぜ
つよいかぜをうける
〈パラシュート〉
ふくろを大きくする
ゆっくりとおりる
たくさんのかぜをうける
たかいところ
よくとぶ
かぜがくるほうへはしる
はしったぶん、つよいかぜをうける
あそび
おもちゃ

3 活動を振り返り、冬の風を生かした遊びについての気付きを広げる

袋が大きい方がゆっくり降りてる！
いっぱい風を受けるからかな

みんなで遊んだことを振り返る中で、冬の風の面白さや不思議さ、それらを生かすことで遊びが楽しくなることに気付くことができるようにする。また、自分や友達の活動のよさを振り返り、自他の成長を実感できるようにする。

期待する子供の反応

風を使ったおもちゃでみんなと遊ぶことを通して、遊びの楽しさや冬の風の不思議さに気付いている。

1 **［導入］**
パラシュートでどちらが長く飛ばせるか競争しよう。

↓

2 **［展開］**
築山で飛ばそう。「よういどん」が合図だよ。誰がチャンピオンになるかな。

↓

3 **［まとめ］**
ぼくがチャンピオン。袋が大きい方がゆっくり降りるよ。冬の風で遊ぶと面白いな。

本時案

冬のことを伝えよう

本時の目標

今までの活動を振り返り、伝え合う活動を通して、冬の自然の様子や変化、それを生かした遊びの楽しさに気付き、自分の生活に取り入れようとする意欲をもつことができる。

資料等の準備

・今までの写真やビデオ
・活動がイメージできるプリントや写真
・書画カメラ
・学習カード 1-8-10

深い学びの視点からの授業改善

➡板書の工夫

point 1 今までの活動を写真やビデオで順に振り返り、子どもが体験したことを確認する。その時々で見付けたことや感じたことなどを引き出すことで、自分自身の変容に気付き、満足感を味わえるようにしたい。板書を時系列で整理し、気持ちや生活の変化の理由を探ることで冬のよさに改めて気付けるようにする。

point 2 自然や生活、遊びなどの気付きを整理し、対話を通してそれらをつなぎ可視化することで、冬という季節の特徴に気付けるようにする。遊びをはじめとする自分の生活とのつながりや変化に注目することで、冬ならではのよさを実感し、それらを生かして楽しく生活しようという意欲が高まるようにしたい。

授業の流れ ▷▷▷

1 今までの活動を振り返り、冬の楽しさを思い出す

今までの活動を振り返り、見付けたことや楽しかったこと、頑張ったことなどをカードに書く。写真のスライドショーや作ったおもちゃ、自然物なども準備し、体験したことを想起しやすいようにする。

2 冬の楽しさを自由に友達と伝え合う

カードや実物を持って自由に友達と交流することで、多様な冬への気付きに触れたり、それぞれの活動のよさに気付いたりすることができるようにする。友達と伝え合うことを通して自分の変容にも気付き、成長を実感できるようにしたい。

ふゆのことをつたえよう

ふゆ（はじめ）
さむい、つめたい
にがて　そとはいや

みつけたよ

いきもの
かくれる
うごかない

きこう
かぜ
こおり

しょくぶつ
はっぱが
ない
ちいさい
つぼみ

せいかつ
あったかい
ふく
おなべ

あそんだよ

こおりづくり　おしくらまんじゅう　かげあそび　ひなたぼっこ

かぜのあそび
・いろいろなおもちゃをつくった。
・かぜのひみつをいっぱいみつけた

あたたかくするくふうがいっぱい

たのしいあそびがいっぱい

ふゆ（いま）
・ふゆだからできることがいっぱい
・ふゆも大すき

3 みんなで冬の楽しさを伝え合う

冬にも楽しい遊びがたくさんあったね
おしくらまんじゅうや、こおりおにをやったね

全体で活動を振り返る。自由な交流場面での見取りを生かし、価値ある気付きについては意図的に取り上げていく。温かい雰囲気の中で教師が対話的に関わることで、気付きの質を高めたり、これからも冬の生活を楽しもうとする意欲を高めたりする。

期待する子供の反応

今までの活動を振り返り、冬の楽しさを伝え合い、今後の生活に意欲をもつ。

1 ［導入］
よく見ると公園の木に芽が出てたよ。風が強くて寒いのは苦手だったよ。

2 ［展開］
芽もふかふかしてて、毛皮みたい。北風の秘密を見付けたよ。

3 ［まとめ］
草木もぼくたちと同じで暖かくする工夫をしてる。風パワーを使うと楽しく遊べるよ。最初は苦手だったけど、冬も大好き。

9 もうすぐ２年生

12時間

【学習指導要領】 内容⑻生活や出来事の伝え合い／⑼自分の成長

1時	2時	3時	4時	5時
第１小単元（導入） 自分の成長に関心をもち、１年間でできるようになったことを知らせようとする。			**第２小単元（展開①）** 誰を招待するか話し合い、発表の方法を考えようとする。	
1．入学してからの１年間を振り返ろう １年間の行事を写真で振り返り、自分たちが行ってきたことに関心をもつ。 **2．できるようになったことを考えよう** 振り返りを基に、自分たちが１年間でできるようになったことについて考える。 **3．できるようになったことをお知らせしよう** 自分ができるようになったことを様々な人の前で紹介することを知り、発表会への意欲をもつ。 ☺１年間の行事や学習に関心をもち、できるようになったことについて紹介しようとしている。			**4．誰を招待したいのか考えよう** お世話になった高学年の子供、幼稚園の先生、校長先生など、誰に向けてできるようになったことを発表したいか考え、招待状を書く。 **5．どんな発表にしようかな** 演奏や実演、劇、歌などどのような発表方法があるか学級で意見を出し合い、同じ発表内容のグループで方法を相談する。 ✎自分自身の成長や成長を支えてくれた人の存在に気付いている。 ☝多様な発表方法から、目的に合った方法を選んでいる。	

本単元について

単元の概要と育成を目指す資質・能力

本単元は、学習指導要領の内容⑻「生活や出来事の伝え合い」と⑼「自分の成長」を基に単元を構成し、内容構成の具体的な視点としては、「カ　情報と交流」「コ　成長への喜び」を位置付けている。

本単元においては、身近な生活に関わる見方・考え方を生かして学習活動を展開し、一人一人の資質・能力の育成を目指していく。それは、１年間で自分ができるようになったことに目を向け対象を捉え、お世話になった人にそれを伝えようという思いや願いをもって活動することである。

そのために、本単元では、小学校に入学してからのできごとを振り返り、お世話になった人に、できるようになったことを発表しようという意欲をもつ。発表の方法を多様化し、自分なりの表現ができるようにする。また、発表の前に練習会をし、自分と友達の発表を比較して、友達のよさや成長に気付いたり、自分の発表に生かしたりする。これらの活動を通して、お世話になった人の存在や自分自身の成長に気付き、２年生に向けて意欲をもってほしい。

単元の目標

小学校の１年間を振り返り、できるようになったことを自分なりに表現する活動を通して、友達の成長や自分自身の成長に気付き、２年生に向けての夢や希望をもって生活することができるようにする。

<table>
<tr><th>6時</th><th>7時</th><th>8時</th><th>9・10時</th><th>11時</th><th>12時</th></tr>
<tr><td colspan="3">第３小単元（展開②）
友達の発表を参考にして、自分の表現を工夫しようとする。</td><td colspan="3">第４小単元（終末）
発表会を通して、自分や友達の成長に気付き、２年生への意欲をもつ。</td></tr>
<tr><td colspan="3">6．発表の準備をしよう
グループごとに演奏や歌の練習をしたり、台本を書いたりして、表現する。

7．友達の発表を見てみよう
発表会に向けて学級で練習を行い、互いの発表を見合うことを通して、友達の成長にも関心をもつ。

8．もっとよくするためにはどうしたらいいかな
前時で見た発表の様子から気付いた友達の発表のよいところを交流して、自分たちの発表に生かす。

☝自分らしい発表のしかたを決め、伝わりやすい発表になるように準備をしている。
✎友達の成長やよさ、発表の特徴やよさに気付いている。</td><td colspan="3">9・10．発表会をしよう
自分の１年間の成長について、お世話になった人に向けた発表会を行う。

11．「できるようになったこと発表会」を振り返ろう
発表会に招待した人にもらった感想や、発表会を通して気付いたこと、１年間の自分や友達の成長などの交流を行い活動を振り返る。

12．２年生ではこうなりたいな
２年生ではどんなことができるようになりたいか考え、伝え合う。

☝できるようになったことについて、伝わりやすい方法を使ってお世話になった人に伝えている。
☺自分の成長を実感し、２年生に向けて意欲的に生活している。</td></tr>
</table>

【評価規準】✎…知識・技能　☝…思考・判断・表現　☺…主体的に学習に取り組む態度

本単元における主体的・対話的で深い学び

本単元では、自分自身の生活や成長を振り返る活動を通して、自分のことや支えてくれた人々について考え、成長への願いをもって意欲的に生活しようとすることを目指した内容⑼を内容⑻と関連付けて学習を進めることとした。発表会に向けて自分自身の１年間を見つめ直し、自分の成長に関心をもつとともに、多様な表現活動を通して、友達の成長にも目を向けることを意識して指導する。また、グループでの話合いや、練習会での伝え合いの活動でも自分や友達のよさに目が向くように指導をしたい。

第１、２小単元では、自分の成長について関心をもち、発表の方法や対象を考え、発表への意欲をもつ。第３小単元では、練習会を通して自分と友達の発表を比較し、友達のよさに気付くとともに、自分の発表にも生かすようにする。第４小単元では、お世話になった人を招待して発表会を行い、自分の成長を多様な方法で表現する。これらの活動を通して、支えてくれている人がいることや、自分の成長に気付くことができるようにし、２年生へ向けて意欲的をもって生活しようとする子供を育てたい。

本時案

入学してからの 1 年間を振り返ろう

本時の目標

入学してからの１年間を、写真で振り返る活動を通して、自分の生活に関心をもち、これからの活動への意欲をもち、気付いたことについて話し合うことができる。

資料等の準備

・行事の写真
・他学年の子供たちと一緒に活動している様子が分かる写真
・初めて書いた名前や、これまでの学習で使用した学習カード など

主体的な学びの視点からの授業改善
➡板書の工夫

point 1 はじめに全体で行事の写真で振り返り、その後各グループに別々の行事を写した写真を配る。グループごとに、写真から分かる、「行事」「写っている人」「気付いたこと」などと視点を定めて、話合いを行う。グループの意見を付箋紙に書いて、写真に貼るのもよい。

point 2 写真を基に話し合ったことを学級全体で交流し、内容を板書に反映させる。視点ごとに色を分けて板書することで、ポイントを可視化する。この活動を通して、行事や人などについて主体的に考え、関心をもつことができるようにする。

授業の流れ ▷▷▷

1 1 年間の行事を写真で振り返る

入学式
１年間でいろいろな行事があったね

教師が用意した１年間の行事を写した写真を見て、入学してからの１年間の生活について振り返る。全員で見ることで、大まかな行事を共有する。

2 写真を見て、グループで考える

グループごとに違う行事の写真を渡して、「どのような行事か」「写っている人」「気付いたこと」と視点を定めて、話合いを行う。色分けした付箋紙を貼りながら意見を交流することで、話合いの可視化を図る。

1ねんかんを　ふりかえろう

point 1　point 2

○にゅうがくしき
☺こうちょうせんせい
ようちえんのせんせい
☆どきどきしたかおをしている

○がくげいかい
☺1ねんせいのみんな
おにいさん、おねえさん
☆しんけんなかお

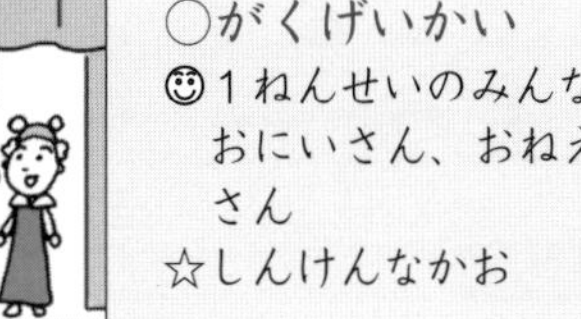

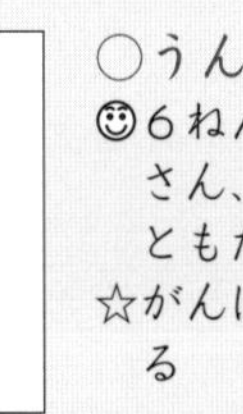

○うんどうかい
☺6ねんせいのおにいさん、おねえさん
ともだち
☆がんばってはしってる

○たてわりえんそく
☺6ねんせい
ほけんのせんせい
☆ならんであるいてる

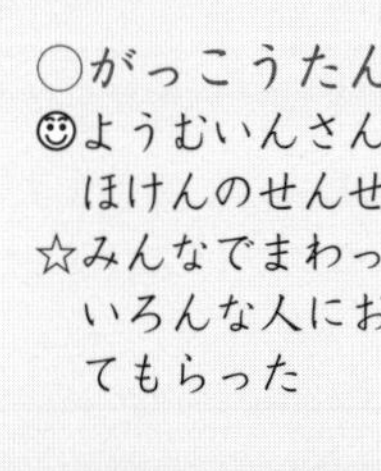

○がっこうたんけん
☺ようむいんさん
ほけんのせんせい
☆みんなでまわった
いろんな人におしえてもらった

○2ねんせいフェスティバル
☺2ねんせい
☆いろんなおみせがある

3 グループで考えたことを、学級全体で共有する

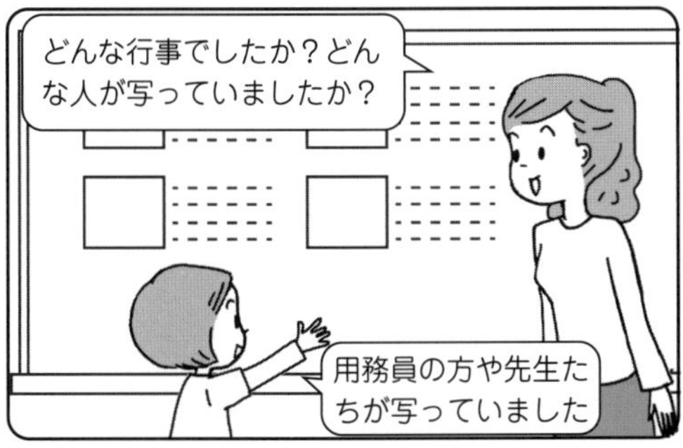

どんな行事でしたか？どんな人が写っていましたか？
用務員の方や先生たちが写っていました

グループで話し合ったことを学級で交流する。教師は写真を貼りながら、話合いで出たことを板書する。写真を見て分かることや、気付いたことを交流するが、どの写真にも自分たちの楽しそうな姿や、頑張っている姿が写っていることを確認するようにする。

期待する子供の反応

入学してからの1年間の生活に関心をもち、振り返ろうとする。

1 [導入]
入学してからの1年間でいろんなことがあったなあ。

2 [展開]
自分たち以外にも、いろんな人が写ってるんだね。

3 [まとめ]
みんなが見た写真にも、いろんな人が写ってるんだね。いっぱい頑張ったこともあるね。

本時案

できるようになったことを考えよう

本時の目標

前時の振り返りを基に、入学してからできるようになったことを考える活動を通して、自分の成長に関心をもつことができる。

資料等の準備

・初めて書いた名前が分かるノートなど
・学習で使用した学習カードなど
・学習カード 1-9-1

対話的な学びの視点からの授業改善

➡活動の工夫

point 1 初めて書いた名前や様々な学習で使用した学習カードを活用し、学習の履歴を振り返る。自分が特に頑張った学習や、上手に書けるようになった名前のことなどを友達に伝える。伝え合う際は、じっくりと見たり聞いたりできるように、小グループで行う。

point 2 友達の発表に対して、自分と同じように頑張っていることや、友達が気付いていない頑張りについて教えてあげる活動を設ける。お互いに伝え合うことで、自分自身の頑張りに気付くだけでなく、友達の成長にも目を向けることができるようにする。

授業の流れ ▷▷▷

1 学習の履歴を振り返る

4月に比べると字もきれいになったな

初めて書いた名前や学習カードを見て、学習の履歴を振り返る。自分の名前を短冊や学習カードなどに改めて書かせて、比較する。初めて書いた名前と、比較することで、成長を実感できるようにする。

2 友達と学習カードなどを見合う

（縄跳びカード）（アサガオ観察カード）

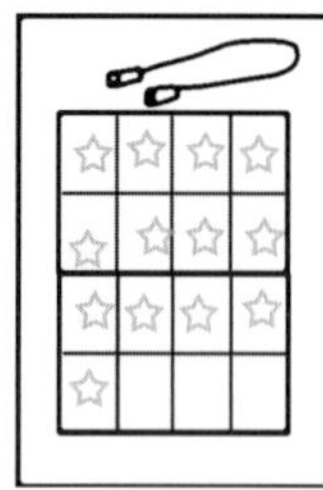

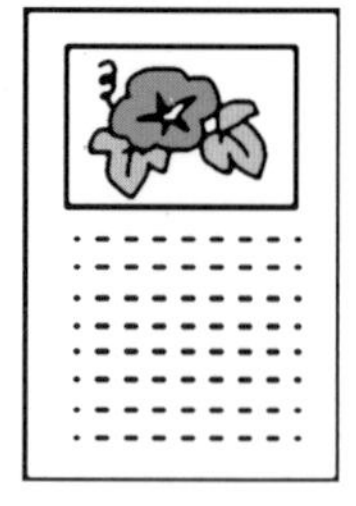

自分の学習カードを見た後に、友達の学習カードや名前も見る。また、見合うだけでなく頑張ったことや、上手に書けるようになったことなどを伝え合う。この活動を通して、自分の成長だけでなく、友達の成長にも関心をもつことができるようにする。

活動：できるようになったことを考える

point 1

➡初めて書いた名前や学習で使用した学習カードを見て自分の頑張りを振り返り、友達に伝える。

point 2

➡さらに友達が気付いていない「頑張っているところ」を教える活動をすることで他者の視点を知る時間にする。

見て！
アサガオのカード、
たくさん書いてた！
ぼくはね、縄跳びカード！たくさん色がついたよ！

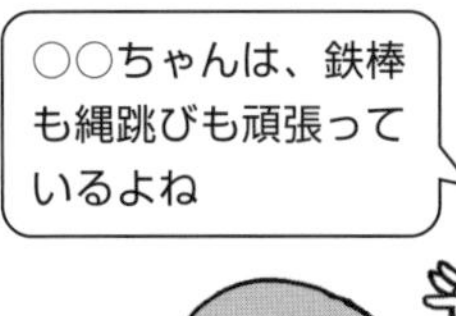

○○ちゃんは、鉄棒も縄跳びも頑張っているよね

気付かなかったけれど、
頑張っていることって
たくさんあるのだな

3 自分ができるようになったことを考える

字がじょうずになっているかも。縄跳びのことも褒めてもらったから、それについて書こう

友達に教えてもらったことや、実際に自分が書いた名前を比較するなどして、できるようになったことを学習カードに書き出しながら、自分ができるようになったことを考える。

期待する子供の反応

自分の学習の履歴から、自分の成長や友達の成長に関心をもつ。

1 **[導入]**
初めて書いた名前は、こんな字だったんだ。たくさん勉強もしたなぁ。

↓

2 **[展開]**
みんなも字が上手になってるね。頑張ってることもいっぱいあるね。

↓

3 **[まとめ]**
自分が頑張ったことはたくさんあるんだな。一番頑張ったことは何かな。できるようになったことは何かな。

本時案

できるように なったことを お知らせしよう

本時の目標

1年間の学習を通じてできるようになったことをお世話になった人にお知らせしようとする活動を通して、発表会への意欲をもつことができる。

資料等の準備

・過去の発表会の写真
・短冊

主体的な学びの視点からの授業改善

➡板書の工夫

point 1 発表会を行うことをすぐに伝えるのではなく、これまでに前の学年が行った発表会の写真を見せ、何をしているところか想像する。どんなことをしているのか、誰が見ているのかを考えさせることで、今後の活動のイメージをもち、自分たちもやりたいという主体的な思いが生まれるようにする。

point 2 前時の学習カードを基に、できるようになったことや発表会で発表する内容を決める。発表したい内容を書いた短冊を、黒板に貼ることで、同じ発表をしたい友達とグループを組むことができるようにする。

授業の流れ ▷▷▷

1 写真を見て、どのような発表会をしているのか考える

計算を発表している人がいるんじゃないかな

前回の（上の学年が行った）発表会の写真を見せて、何をしているところか考える。発表している内容に注目したり、見に来ている人に注目したりすることで、自分たちもできるようになったことを発表したいという思いをもつことができるようにする。

2 発表会があることを知り、発表の内容を考える

よし、ぼくは○○について発表しよう

発表会があることを知らせ、発表したい内容を考える。一番伝えたいことを決めて、短冊に書き出す。なかなか決められない場合は、ペアやグループなどで「これがいいと思うよ」「これも頑張ってたよね」などと、アドバイスし合ってもよい。

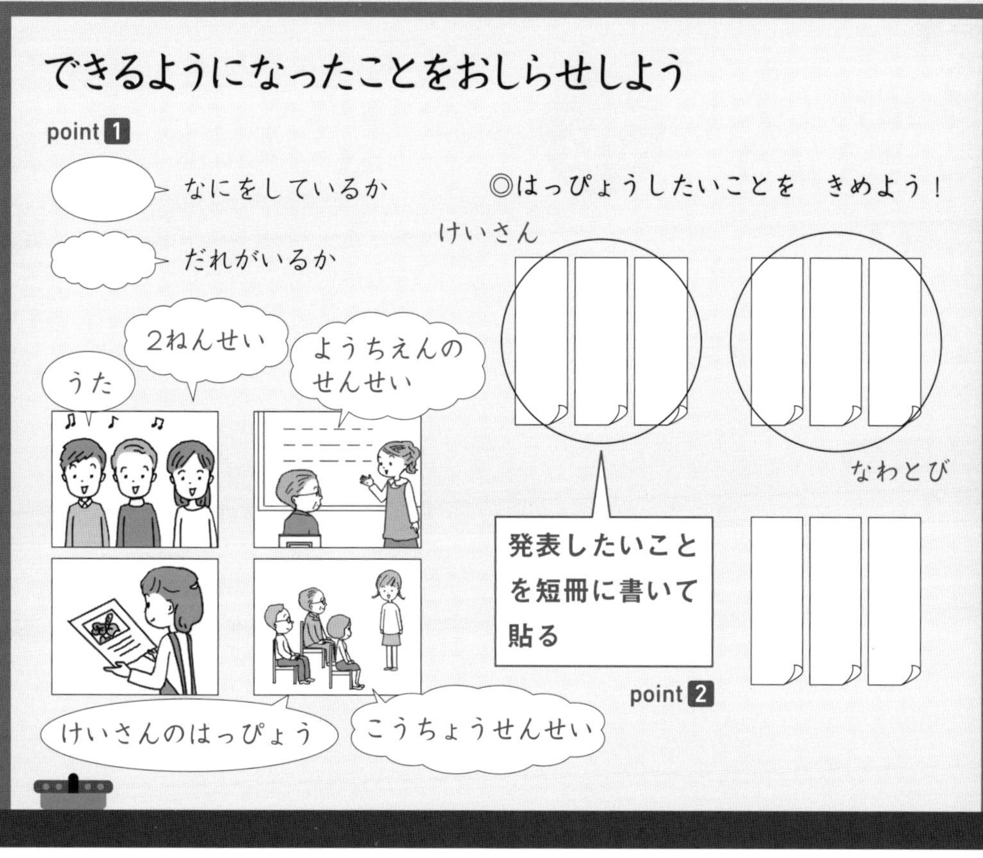

3 発表したいことを決めて、グループをつくる

鍵盤の人たちがグループに
なれそうだね

短冊を黒板に貼り、同じ発表内容を決めた子供同士でグループを組む。その内容が一人しかいない場合は、一人で発表してもよいが、内容が近いグループでまとまるなど、本人の思いを優先する。

期待する子供の反応

写真から発表会の内容を想像し、発表会への意欲をもって、発表の内容を決める。

1 **[導入]**
何をしている写真だろう。いろいろな人が見に来てるね。

↓

2 **[展開]**
発表会では、いろいろな人が見に来るんだね。何を発表しようかな。

↓

3 **[まとめ]**
できるようになったことはたくさんあるけど、これを発表したいな。

本時案

誰を招待したいのか考えよう

本時の目標

自分の成長を見守ってくれている人を考える活動を通して、発表会に招待したい人を考え、お世話になった人たちに感謝の気持ちを込めて招待状を書くことができる。

資料等の準備

・招待状
・校長先生や幼稚園、保育所の先生からの手紙

主体的な学びの視点からの授業改善

➡板書の工夫

point 1 発表会に呼びたい人を考えるときには、幼稚園や保育所の先生に、手紙をもらったり、校長先生から入学したときの様子を話してもらったりして、自分たちの成長を見守ったり、願ったりしてくれている人がいることを知り、その人たちを発表会に招待したいと思うことができるようにする。これまでの行事でお世話をしてくれた高学年の子供を招待してもよい。

point 2 招待状に何を書くか相談するときには、グループでの話合いを取り入れる。出てきた子供の意見を反映させて、黒板に招待状のお手本となるように書いていく。その招待状を声に出してみんなで読んだ後、必要なことを伝え合う。

1 幼稚園や保育園、校長先生などからの手紙を読む

幼稚園や保育所の先生に、子供に向けて手紙を書いてもらい、成長した様子を気にかけていることを知る。また、校長先生にも入学式の様子や行事での頑張りを話してもらうことで、自分たちの成長を見守り、願ってくれている人がいることを知る。

2 発表会に誰を呼びたいかを決める

お世話になった人を考え、発表会に招待する人を決める。呼びたい人を挙げるときには、理由も考え、発表会に来てくれる人に、成長した姿を見せたいという意欲をもつことができるようにする。

はっぴょうかいに　だれを　よぼうかな

1ねんせいのみなさんへ
みなさんげんきですか。みなさんがそつえんしてもうすぐいちねんがたちますね。しょうがっこうはたのしいですか。大きくなったみんなにあいたいです。
○○せんせいより

よびたいひと

・ようちえんのせんせい
→おおきくなったところをみせたい

・ほいくじょのせんせい
→できるようになったことをみせたい

・こうちょうせんせい
→みんなをみまもっているから

・ほけんのせんせい
→いつもけがとかをなおしてくれたから

・6ねんせい
→そつぎょうするからおせわをしてくれたから

しょうたいじょう
○○せんせいへ
○がつ○にち（　　）
じから
できるようになったことのはっぴょうかいをします。がんばるのでみにきてください。
1ねん○くみ　□□より

3 招待状に書く内容を考え、招待状を書く

場所について書かないと伝わらないよ
○○さんへ
「○○先生へ」も最初に書かないといけないと思います

招待状の内容を考えるときには、最低限必要な内容をグループで話し合って、学級で交流したり、招待する人が楽しみになるような言葉を考えたりして、子供たちの意見を集約しながら、招待状のお手本ができあがるようにする。

期待する子供の反応

園の先生などの手紙から、招待したい人を考え、お世話になっている人に感謝を込めて招待状を書く

1 ［導入］
先生は大きくなったところを見たいんだ。いろんな人に見に来てほしいな。

↓

2 ［展開］
お世話してくれた人に見せたいね。

↓

3 ［まとめ］
発表会に来てくれるように、時間や場所も書こう。

本時案

どんな発表にしようかな

5/12

本時の目標

様々な発表方法を知り、グループで発表方法を話し合う活動を通して、発表する内容にふさわしい自分らしい発表方法を決めることができる。

資料等の準備

・学習カード 1-9-2
・これまでの発表の様子の写真や成果物

主体的な学びの視点からの授業改善

➡板書の工夫

point 1 自分たちらしいの発表方法を決めることができるように、多様な発表方法のアイデアを学級全体で交流する。できるようになったこととして発表したい内容が、「足し算と引き算」などでも、「替え歌で足し算を言う」や「クイズみたいに答えていく」など、子供の自由な発想を教師が補助的に板書し、選ぶことができるようにする。

point 2 できるようになったこと発表会のシナリオなどの残っている資料を子供に見せたりして、グループで相談して発表方法を決めることができるようにする。

授業の流れ ▷▷▷

1 どのような発表方法があるか、学級で意見を出し合う

やっているところを見せて、「何ができるようになったでしょうか？」と、クイズ形式にするなどもあります

発表の方法のアイデアを学級で交流し合い、様々な発表方法があることを知る。教師が、どんな発表内容でも、様々な発表方法を選択できることを補足して、自分たちなりの方法を選ぶことができるように留意する。

2 写真や映像、実物などから様々な発表方法を知る

足し算が替え歌になっているね！

実際の発表会の映像や写真を見せて、どのように発表しているのかイメージをもてるようにする。過去に作った紙芝居や劇のシナリオなどがあれば、それを実際に見せて発表のイメージを具体的にもつ。

どんな発表にしようかな

○はっぴょうすること
・けいさん　・なわとび
・けんばんハーモニカ
・おんどく
たとえば…
☆なわとびのはっぴょう
→これは、なにとびでしょう？

これまでの発表会の様子を示す

point 1
☆なわとびクイズ
☆けいさんクイズ
☆アサガオかみしばい
☆けんばんでえんそう
☆がんばったことのうた
☆おんどくのげき
☆１ねんせいのものがたり
（げき）

3 グループで相談して、発表方法を決定する。

発表方法は決まりましたか？お世話になった人に伝えられそうですか？

グループで発表の方法を検討し、自分たちなりの発表方法を決定する。今回の発表会は、お世話になった人に、成長した自分の姿を見せる会だということを再確認する。

期待する子供の反応

様々な発表方法のアイデアを出し合った中から、自分たちに合った発表方法をグループで決める。

1 **[導入]**
どんな発表方法があるかな。

2 **[展開]**
楽しい発表にしたいね。どれが伝わるかな

3 **[まとめ]**
この発表の仕方に決めよう。お世話になった人に頑張っているところをしっかり見せたいな。

本時案

発表の準備をしよう

本時の目標

グループでの発表会に向けて、話し合ったり練習したりする活動を通して、発表を見てくれる人に伝わりやすい方法を考えることができる。

資料等の準備

・画用紙やマーカーなどの発表準備に必要な道具

深い学びの視点からの授業改善

➡環境構成の工夫

point 1 机や椅子を移動し、練習をしたり、広い場所でかいたりできるようにする。

point 2 発表方法に合わせて、友達と相談しながら、発表に必要な素材や道具を選ぶことができるように、材料コーナーを設ける。材料コーナーは、取り出しやすいように、子供の目の高さに設置し、同系統の種類をまとめて置くようにする。また、それぞれの素材や道具の活用の例を写真等で示しておくと、使い方のイメージが湧きやすい。このようなコーナーを設けておくことで、素材・道具選びや活用に仕方などについて話し合うきっかけをつくることができ、より自分たちの発表に適した物や方法を考えることができる。

授業の流れ ▷▷▷

1 発表の準備をしようとする

「お世話になった人に伝わりやすい発表」ということを確認して、グループごとに発表に必要な物や、準備する物を考えて、発表の準備に取りかかる。

2 発表の準備をする

これは「まえとび」です。
たくさん練習してできるようになりました

劇で発表する場合は、シナリオを書いたり、実演で発表する場合は、ただ行うだけでなく周りの子供が解説をしたりと、相手に伝わりやすい方法を考えることができるように支援する。

環境構成のイメージ　小グループでの話合いに適した環境構成

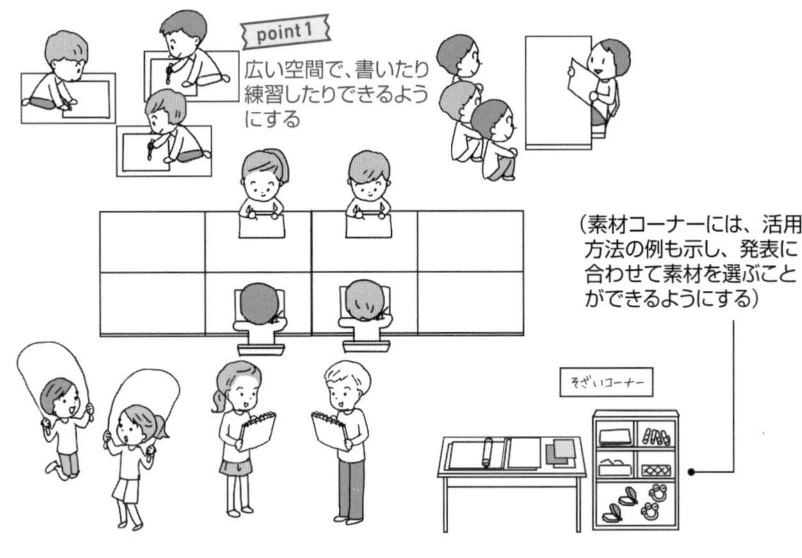

3 準備の中で練習の時間を設け、伝わりやすい発表を工夫する

答えはすぐ言わない方がいいかな
先に私がやってみるね

準備をしながら、互いの発表を聞き合ったり、アドバイスをし合ったりする時間を設け、発表の改善点を話し合う。このときも「お世話になった人に伝わりやすい発表」であるかという視点を基に、声の大きさや、発表の速度に気を付けるようにする。

期待する子供の反応

伝わりやすい発表の仕方を考えて、工夫しようとする

1 **[導入]**
どんな準備がいるかな。何を作ったらいいかな。

↓

2 **[展開]**
大きく書いた方が見やすいね。いっぱい練習をしよう。

↓

3 **[まとめ]**
もう少し大きな声で言った方がいいね。ゆっくり話した方がいいよ。

本時案

友達の発表を見てみよう

本時の目標

友達の発表を見る活動を通して、友達が頑張っていることやできるようになったことに関心をもち、気付くことができる。

資料等の準備

・タブレット端末（教師用）
・各グループの発表の様子を撮影した映像

対話的な学びの視点からの授業改善

➡活動の工夫

point 1 発表会本番の前に、お互いの発表を見合う。発表は、事前に教師がタブレット端末等で発表している様子を撮影したものを全員で見る。事前に撮影したものを見ることで、何度も繰り返し見ることができる。また、自分たちの発表を客観的に見る機会となる。

point 2 友達の発表を見るときには、「友達のグループが伝えたいこと」「発表のよいところ」など視点を定めて見るようにする。一つのグループにつき、数回見ることで、よいところに気付くことができるようにする。映像を見て見付けた発表のよいところは、視聴後に伝え合う。

授業の流れ ▷▷▷

1 発表の様子を見る視点を知る

発表を見るときには
大切にしたい視点が
あります

「友達が伝えたいこと」「発表のよいところ」など、見る視点を定めるようにする。視点を定めることで、発表のよいところや、友達の成長に目を向けることができるようにする。

2 発表を数回視聴する

２回目を流すよ。いいところは見付けられているかな？

それぞれのグループの発表を繰り返し視聴し、伝えたい内容や、発表のよいところに気付くことができるようにする。繰り返し流す度に、「よいところは見付けられているかな」「後でグループの人に教えてあげようね」など声かけながら流すようにする。

活動：お互いの発表を見合う

point 1

➡それぞれのグループの発表を全員で視聴する

きづいたところ
いいところ
何回か流すから、いっぱい、いいところを見付けてね。
声が大きい！
なわとびがじょうず！
自分ではできてると思ってたけど、フラフラしてるなぁ…

point 2

➡「友達のグループが伝えたいこと」「発表のよいところ」など視点を定めて、一つのグループにつき３回程度視聴する。発表を見た後は、よいところを伝え合う時間を設ける

3 よいところを伝え合う

話の順番が分かりやすかったです
声が大きくて聞きやすかったです

発表映像の視聴を通して、各グループのよかったところや、友達が伝えたかったことをお互いに伝え合い、発表会本番への意欲を高める。

期待する子供の反応

友達の発表を見て、よさや成長に関心をもつ

1 **[導入]**

みんなはどんな発表をするのかな

2 **[展開]**

じょうずな発表だね。できるようになったことがよく伝わるね。もっとゆっくり話した方がいいかもね。

3 **[まとめ]**

練習や準備を頑張ったんだね。いいところがいっぱいあったね。

本時案

もっとよくするためにはどうしたらいいかな

本時の目標

前時で見た発表の様子を基に、友達の発表と自分たちの発表を比較する活動を通して、発表を目的に応じたよりよいものにすることができる。

資料等の準備

・タブレット端末
・画用紙やマーカーなど、発表の準備に必要な物

深い学びの視点からの授業改善

➡板書の工夫

point 1 前時のリハーサルを基にして、友達の発表と自分の発表を比較する。自分たちの発表でうまくできないところや、気を付けたいと思っていることを、友達の発表でよかったところと比較することで、「伝わりやすい発表」について考えることができるようにする。

point 2 練習をするときに、よりよい発表になるように気を付けながら練習をすることができるように、「伝わりやすい発表」のポイントをまとめて板書する。この板書を写真や模造紙に記録しておき、今後も提示することができるようにしておくと、大切なポイントを意識しやすくなる。

授業の流れ ▷▷▷

1 自分たちの発表でうまくいかないところを挙げる

自分たちの発表で、うまくいかないところや、困っていることを「早口になる」「焦ってしまう」など具体的に挙げて板書をすることで、発表会に対しての課題意識を明確にする。

2 友達の発表でよかったところを挙げ、自分たちの発表と比較する

前時の発表を視聴した活動を基に、友達の発表でよかったところを挙げることで、自分の発表と比較し、うまくいかないところを改善するために役立てようとする意欲をもつ。

はっぴょうをよくするためには　どうしたらいいかな

はっぴょうでこまっていること

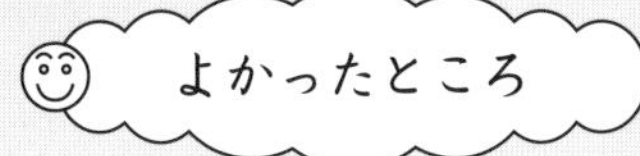

・おんどくがはやくちになる
・せりふをわすれてしまう
・こえがちいさい

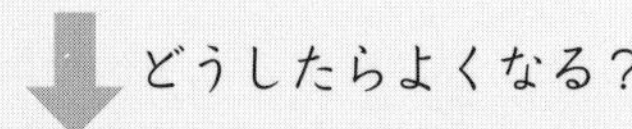

どうしたらよくなる？

・ゆっくりはなしている
・クイズがたのしい
・わざのなまえがわかる
・うたのかしもみせている

いかせることは？

○ゆっくりはっきり
○にこにこで
○しんけんに
○すこしむずかしい
クイズにしてもいい
○せりふをまちがえても
きにしない

3 伝わりやすい発表になるようにめあてを決めて練習する

「伝わりやすい発表」についてまとめ、どのようなポイントに気を付ければよいか全員で確認する。本時で出た発表の課題を解決するために、「伝わりやすい発表」を意識して練習することができるようにする。

期待する子供の反応

自分の発表と友達の発表を比較して、よさに気付き取り入れようとする。

1 [導入]
自分たちの発表はどうかな。

2 [展開]
友達のグループはこういうところがよかったよね。伝わりやすい発表が分かってきたね。

3 [まとめ]
次は、友達のグループみたいに、みんなで言うところも決めて練習してみよう。

本時案

発表会をしよう

9-10/12

本時の目標

お世話になった人に向けて、できるようになったことを発表する活動を通して、自分が1年間でできるようになったことを自分らしい表現で伝えることができる。

資料等の準備

・配付資料 1-9-3
（感想カード）
・感想ボックス
・タイマー
・パーテーション

主体的な学びの視点からの授業改善

➡環境構成の工夫

point 1 発表する場所をパーテーションで区切り、参観者に時間でブースを移動して発表を見てもらう。パーテーションには、準備の様子の写真を掲示し発表までの頑張りを可視化することで、発表への意欲につなげる。写真には子供の声を添えるとより、頑張りを実感することができる。

point 2 参観者には、感想カードを渡し、成長したと感じたことや、発表のよかった点などについて書き込んでもらう。参観者に記入してもらう感想カードには、「こんなことも頑張ってみてほしい」という欄を設け、2年生ではもっとできることを増やしたいという意欲をもつことにつながるようにする。

授業の流れ ▷▷▷

1 発表会を進行する

子供たちが主体となって、はじめの言葉を言ったり、発表の見方を説明したりする。時間がきたら、ブースを移動することや、最後に感想カードを書いてもらうことを説明するとともに、これまで一生懸命準備してきたことも伝え、発表への意欲をもつ。

2 できるようになったことを発表する

伝わりやすい発表になるように留意しながら、発表を行う。時間よりも発表が早く終わった場合は、「質問はありませんか」「もう一度見たいところはありますか」など、お世話になった人と関わりながら発表を行えるようにしたい。

環境構成のイメージ　発表の場所の設定

point 1

発表する場所をパーテーションで区切り、これまでの活動の履歴を掲示する。発表に向けて頑張ってきた様子を可視化する。

3 参観者に感謝の気持ちを伝える

できるようになったことがいっぱいあったのは伝わりましたか
今日は来てくれてありがとうございました

最後にお世話になった人に大きくなった姿や、できるようになったことを見せたかった理由を伝える。自分の言葉で感謝の気持ちを伝えることができるようにする。

期待する子供の反応

自分の成長に気付き、お世話になった人に、成長を伝えようとする。

1 **［導入］**
お世話になった人に、できるようになったことをじょうずに伝えられるかな。

↓

2 **［展開］**
真剣に聞いてくれたね。楽しんでくれたね。うれしいね。

↓

3 **［まとめ］**
成長したことを伝えられたかな。ありがとうの気持ちも伝えよう。

本時案

「できるようになったこと発表会」を振り返ろう

11/12

本時の目標

「できるようになったこと発表会」を振り返る活動を通して、自分自身の成長や、自分を支えてくれた人がいることに気付くことができる。

資料等の準備

・発表会の写真
・配付資料 1-9-3
（前時に記入済み）

深い学びの視点からの授業改善

➡板書の工夫

point 1 発表に対する自分の感想や気持ちを互いに交流させる。発表会の写真を提示することで、気持ちを具体的に振り返ることができるようにする。

point 2 参観者に記入してもらった感想カードを読み合い、どのような感想が書いてあったかを伝え合う。感想を読むことで、参観者も喜んでいたことに気付くことができるようにする。また、自分たちが成長することは、見守ってくれている人にとってもうれしいことであると感じることができるようにする。

授業の流れ ▷▷▷

1 発表会を振り返る

発表会の写真を見ながら、そのときの気持ちや感想を具体的に振り返る。発表会が成功した喜びや、これまで頑張ったことを考え、自分自身が成長したことに気付くことができるようにする。

2 参観者の感想用紙を読んで、内容を伝え合う

感想カードを読んでどのようなことが書いてあるか伝え合う。褒めてもらったことや、参観者の気持ちを伝え合うことで、自分たちが成長することが、お世話になった人にとっても喜びであることを知り、感謝の気持ちをもつことができるようにする。

3 振り返りのまとめをする

みんな工夫して、頑張って発表しました

活動のまとめをして、自分自身の成長に実感をもつことができるようにする。また、自分だけでなく、友達も、それぞれできるようになったことを一生懸命考え、練習して発表したことを確認し、友達の成長にも気付くことができるようにする。

期待する子供の反応

自分の成長の喜びを感じ、自分の成長を見守り喜んでくれる人の存在に気付く。

1 **[導入]**
発表会、どきどきしたね。じょうずにできたね。

↓

2 **[展開]**
喜んでくれてよかったね。

↓

3 **[まとめ]**
大きくなったことがうれしいな。お世話になった人も喜んでくれるんだね。

本時案

2年生では こうなりたいな

本時の目標

自分の成長をまとめる活動を通して2年生でできるようになりたいことを考え、2年生での学校生活に前向きに取り組もうとすることができる。

資料等の準備

・学習カード 1-9-4

主体的な学びの視点からの授業改善

➡活動の工夫

point 1 1年間でできるようになったことを再確認し、2年生でできるようになりたいことを考え、できるようになりたいことをカードに記入する。カードの内容を交流し、自分や友達の頑張りに気付くだけでなく、友達も2年生に向けて頑張りたいことがあるということを知る。

point 2 カードを交流した後、模造紙にまとめて掲示する。学級に掲示することで、1年間の頑張りや、できるようになりたいことを意識して、2年生に向けて意欲的に生活することができるようにする。

授業の流れ ▷▷▷

1 2年生でできるようになりたいことを考える

参観者の感想で「こんなことも頑張ってほしい」という感想があったことを紹介したり、自分たちの頑張りを再確認したりして、2年生でできるようになりたいことを考える。

2 できるようになったことと、できるようになりたいことを記入する

できるようになりたいことをカードに記入し、みんなの頑張る気持ちをまとめて掲示することを提案する。まとめて掲示することを知ることで、2年生になったらできるようになりたいことを主体的に考えることができるようにする。

活動：２年生になったらできるようになりたいことを考える

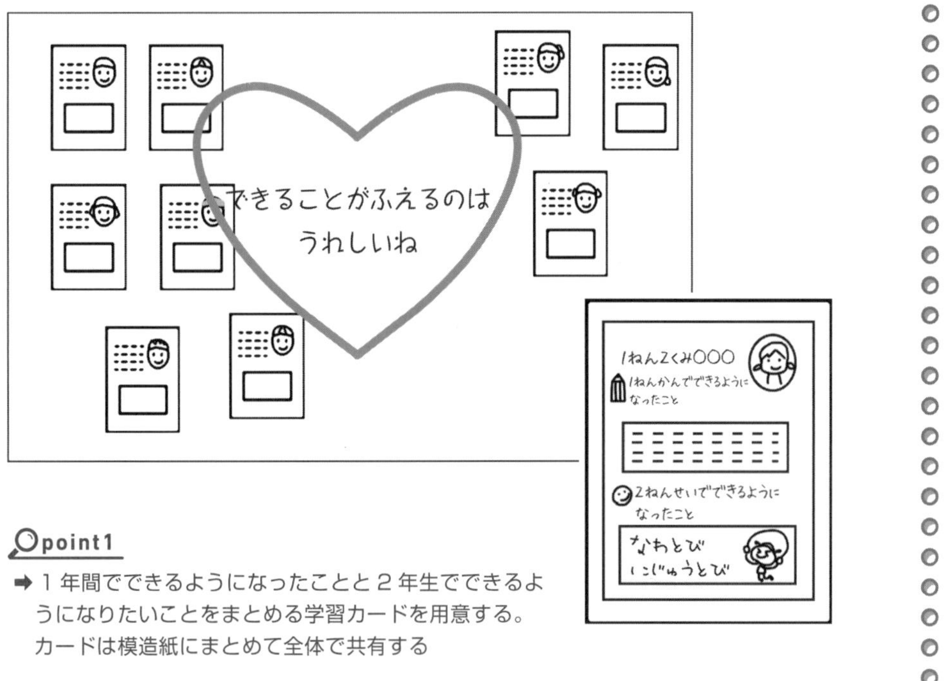

point1

➡１年間でできるようになったことと２年生でできるようになりたいことをまとめる学習カードを用意する。カードは模造紙にまとめて全体で共有する

3 みんなのカードをまとめる

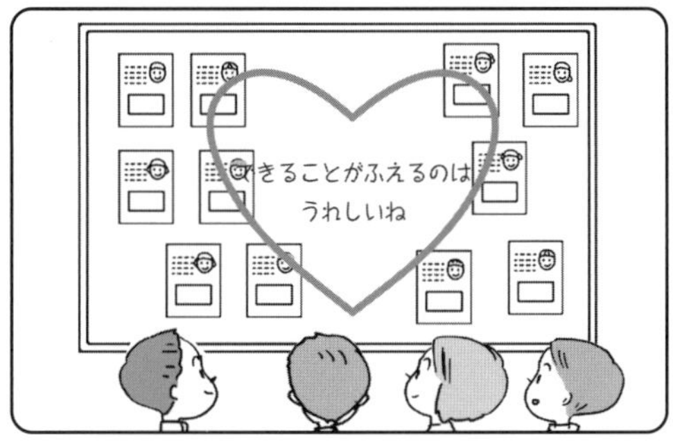

皆のカードを掲示する。友達のカードも目にすることで、友達も頑張る気持ちをもっていることに気付かせる。また、学級に掲示することで、２年生に向けて、意欲的に生活しようという思いがもてるようにする。

期待する子供の反応

２年生でできるようになりたいことを考え、２年生に向けて意欲的に生活しようとする。

1 **[導入]**
２年生では、こんなことができるようになりたいな。

⬇

2 **[展開]**
２年生になるのが楽しみだね。

⬇

3 **[まとめ]**
みんなも頑張りたいことがいっぱいあるんだね。２年生でも頑張ろう。

編著者・執筆者一覧

[編著者]

田村　学（たむら　まなぶ）　　**國學院大學教授**

昭和37年新潟県生まれ。新潟大学教育学部卒業後、昭和61年４月より新潟県公立小学校教諭、新潟県上越市立大手町小学校教諭、上越教育大学附属小学校教諭、新潟県柏崎市教育委員会指導主事を経て、文部科学省初等中等教育局教育課程課教科調査官・国立教育政策研究所教育課程研究センター研究開発部教育課程調査官。文部科学省初等中等教育局視学官として新学習指導要領作成に携わる。平成29年４月より現職。主著に『考えるってこういうことか！「思考ツール」の授業』『こうすれば考える力がつく！中学校思考ツール』（ともに小学館）、『今日的学力をつくる新しい生活科授業づくり』（明治図書出版）、『「探究」を探究する』（学事出版）、『新教科誕生の軌跡』『授業を磨く』『生活・総合アクティブ・ラーニング』『カリキュラム・マネジメント入門』『深い学び』（いずれも東洋館出版社）など。

[執筆者]　＊執筆順。所属は令和２年２月現在

氏名	所属	[執筆箇所]
田村　学	（前出）	まえがき、生活科における授業のポイント
山口　恭正	静岡市子ども未来局青少年育成課 青少年指導員	1　学校大すき
石井　真澄	大分県佐伯市立渡町台小学校教諭	2　みんなで公園に行こう
清水　典子	広島県呉市立郷原小学校教諭	3　元気にそだてわたしのアサガオ
下村　光	東京都中央区立月島第一小学校教諭	4　なつとあそぼう
齋藤　淳	福岡教育大学附属福岡小学校教諭	5　モルモットとなかよし
伊津野　留美	熊本市立健軍東小学校教頭	6　あきとあそぼう
鍵村　佳江	京都市総合教育センター指導主事	7　にこにこいっぱい大さくせん
山田　純子	愛媛県松山市立味酒小学校教諭	8　ふゆとあそぼう
片平　みちる	宮城教育大学附属幼稚園教諭	9　もうすぐ２年生

『イラストで見る全単元・全時間の授業のすべて　生活　小学校１年』付録 DVD について

・各フォルダーには、以下のファイルが収録されています。
　①　板書の書き方の基礎が分かる動画（出演：成家雅史先生）
　②　授業で使える短冊類（PDF ファイル）
　③　学習指導案のフォーマット（Word ファイル）
　④　児童用の学習カード・掲示資料（Word ファイル、PDF ファイル）
・DVD に収録されているファイルは、本文中では DVD のアイコンで示しています。
・これらのファイルは、必ず授業で使わなければならないものではありません。あくまで見本として、授業づくりの一助としてご使用ください。

【使用上の注意点】
・この DVD はパソコン専用です。破損のおそれがあるため、DVD プレイヤーでは使用しないでください。
・ディスクを持つときは、再生盤面に触れないようにし、傷や汚れ等を付けないようにしてください。
・使用後は、直射日光が当たる場所等、高温・多湿になる場所を避けて保管してください。
・PDF ファイルを開くためには、Adobe Acrobat もしくは Adobe Reader がパソコンにインストールされている必要があります。
・PDF ファイルを拡大して使用すると、文字やイラスト等が不鮮明になったり、線にゆがみやギザギザが出たりする場合があります。あらかじめご了承ください。

【動作環境　Windows】
・〔CPU〕Intel® Celeron® プロセッサ360J1. 40GHz 以上推奨
・〔空メモリ〕256MB 以上（512MB 以上推奨）
・〔ディスプレイ〕解像度640×480、256色以上の表示が可能なこと
・〔OS〕Microsoft Windows10以降
・〔ドライブ〕DVD ドライブ

【動作環境　Macintosh】
・〔CPU〕Power PC G4 1.33GHz 以上推奨
・〔空メモリ〕256MB 以上（512MB 以上推奨）
・〔ディスプレイ〕解像度640×480、256色以上の表示が可能なこと
・〔OS〕Mac OS 10.12（Sierra）以降
・〔ドライブ〕DVD コンボ

【著作権について】
・DVD に収録されているファイルは、著作権法によって守られています。
・著作権法での例外規定を除き、無断で複製することは法律で禁じられています。
・DVD に収録されているファイルは、営利目的であるか否かにかかわらず、第三者への譲渡、貸与、販売、頒布、インターネット上での公開等を禁じます。
・ただし、購入者が学校での授業において、必要枚数を子供に配付する場合は、この限りではありません。ご使用の際、クレジットの表示や個別の使用許諾申請、使用料のお支払い等の必要はありません。

【免責事項】
・この DVD の使用によって生じた損害、障害、被害、その他いかなる事態についても弊社は一切の責任を負いかねます。

【お問い合わせについて】
・この DVD に関するお問い合わせは、次のメールアドレスでのみ受け付けます。 tyk@toyokan.co.jp
・この DVD の破損や紛失に関わるサポートは行っておりません。
・パソコンやアプリケーションソフトの操作方法については、各製造元にお問い合わせください。

イラストで見る　全単元・全時間の授業のすべて
生活 小学校1年
～令和2年度全面実施学習指導要領対応～

2020(令和2)年3月10日　初版第1刷発行
2024(令和6)年4月1日　初版第4刷発行

編 著 者：田村　学
発 行 者：錦織　圭之介
発 行 所：株式会社東洋館出版社
〒101-0054　東京都千代田区神田錦町2丁目9番1号
コンフォール安田ビル2階
代　　表　電話 03-6778-4343　FAX 03-5281-8091
営 業 部　電話 03-6778-7278　FAX 03-5281-8092
振　　替　00180-7-96823
U　R　L　https://www.toyokan.co.jp

印刷・製本：藤原印刷株式会社

装丁デザイン：小口　翔平＋岩永　香穂（tobufune）
本文デザイン：藤原印刷株式会社
イラスト：小林　裕美子（株式会社オセロ）
DVD制作：秋山　広光（ビジュアルツールコンサルティング）
株式会社オセロ

ISBN978-4-491-04012-7　　Printed in Japan